실전 기업법무

실제로 기업 법무팀에서 하는 일

실전 기업법무
제1편. 계약검토(계약서검토)

신민승 지음

개정판

『실전 기업법무』 시리즈 중, 계약검토 편

좋은땅

이 책은 '실제로 기업 법무팀에서 하는 일'에 대한 전문 지식과 skill을 전수하는『실전 기업법무』시리즈 중, [제1편. 계약검토] 편입니다.

아래 1~3편은 출판되었고, 4편부터 나머지 시리즈는 2023년 하반기에 순차적으로 출판됩니다. (단, 편집 분량에 따라 chapter 번호가 달라질 수 있음.)

1	계약검토(계약서검토)
2	법무검토(법률검토)
3	'비상장회사'의 이사회·주주총회 운영/관리
4	'상장회사'의 이사회·주주총회 운영/관리
5	미수채권 관리 및 회수
6	민사소송, 형사소송 대응
7	지식재산권 관리 및 분쟁 대응
8	기타 기업법무 사안 (준법경영 지원 압류결정문, 채권양도통지서, 사실조회, 수사협조문 등 수령 관리, 사내 강의 등)

저자는 약 18년간 순차적으로 4개의 기업 그룹(여러 개의 법인이 주주와 자회사 관계로 얽혀 있는 단체)에서 법무 담당자로서 역할을 수행했으며, 현재는 서울 소재 중견기업(연 매출 약 1,800억 원)의 법무 팀장으로 근무하며 법무 담당자로서 역할을 수행하고 있습니다.

저자는 대학교에서 법학을 전공하며 나름 열심히 법학 과목들을 공부했으나, 실제로 회사 법무팀에 소속되어 업무를 하면서, **'대학교에서 배운 것, 법학 교과서로 공부한 것만으로는 제대로 회사 법무팀 업무를 하기에 아주 많이 부족하구나…'**라고 깨닫게 되었습니다.

20대 후반 처음 회사에 입사했을 때, 주변에는 '기업법무'에 대한 체계적 지식과 skill을 가르쳐 줄 수 있는 선배가 없었습니다.

그래서 궁여지책으로 서점에서, '기업법무', '채권관리', '민사소송 실무', '형사소송 실무' 등의 책들을 구매하여 열심히 읽었던 기억이 있습니다.

그러나 이제 와서 생각해 보면, 그런 책들이 업무에 일부 도움이 되기는 했지만 실전 기업법무 담당자들에게 도움을 주기에는 많이 부족했던 것 같습니다.

그런 책의 저자들은 대부분 법무 이슈와 관련하여 '자문' 위주의 업무를 하셨기 때문에, 실제로 기업법무 실무자들이 수행하는 바닥부터 꼭대기까지의 전체 업무에 대해서는 현실과 동떨어진 내용으로 설명할 수밖에 없는 한계가 있었던 것 같습니다.

이에 저자는 약 18년의 실무 경험을 바탕으로 이 책을 쓰게 되었으며, **처음 기업법무를 시작하는 법학 전공자, 기업법무에 대해 갈피를 잡지 못하고 있는 기업 법무팀 소속 경력자, 일반 기업의 법무팀으로 이직하기를 희망하는 법무법인이나 법률사무소의 사무원, 일반 기업에 소속되어 근무하기를 원하는 변호사 등**에게 이 책이 실질적인 도움을 줄 것입니다.

※ 이 책 내용 중 의문점이 있으면 저자가 운영하는 아래의 네이버 카페에 글을 남겨 주시기 바랍니다.

〈 https://cafe.naver.com/besajang 〉

※ 또한 아래 네이버 블로그에서 저자가 출판한 다른 책들의 미리보기를 할 수 있으니, 참고 바랍니다.

〈 https://blog.naver.com/ddalaha 〉

Ⅲ 보편적 check list에 의한 검토

Ⅳ 계약 종류(유형)에 따른 검토

V 표준계약서 작성 및 배포

I

기본 개념 및 정의 이해하기

1. '계약서'와 '계약'의 차이

많은 사람들이 '계약서'와 '계약'을 같은 것으로 생각하며 용어를 혼용·혼동하고 있으나, 법무 담당자가 계약검토를 제대로 하려면 기본적으로 '계약서'와 '계약'의 의미가 다르다는 점을 명확히 인지해야 합니다.

'계약'은 눈에 보이지 않는 '당사자 간의 약속'을 의미하는 것이고, '계약서'는 당사자 간의 약속을 물리적인 서류에 기재하거나 전자파일(MS word, Excel, 아래아한글, 이메일 등)에 기재한 것을 의미합니다.

대화 녹취, 증인의 증언, 이면 합의서 발견 등을 통해 '계약서'에 기재된 특정 내용이 실제 당사자 간에 약속한 '계약'과 다르다는 사실이 밝혀지면, '계약'의 효력이 우선하게 될 가능성이 있기에 '계약서'의 특정 내용은 효력을 상실할 가능성이 있습니다. 이런 취지에서

"구두(口頭)계약도 계약이다"라고 하는 말은 맞는 말입니다.

요컨대, '계약서'는 '계약'의 존재를 증명할 수 있는 유력한 자료이지만, '계약서'가 없어도 '계약'이 존재할 수는 있습니다. '계약서'가 없으면 '계약'의 존재를 증명하는 데에 어려움이 있을 뿐입니다.

2. '합의서', '협약서', '약정서', 'MOU', '약관'의 차이

결론부터 말하자면, 합의서·협약서·약정서·계약서·MOU·약관 모두 당사자들 간의 약속을 기재한 서류이며 <u>모두 계약의 일종</u>입니다.

MOU는 법적 구속력이 없다고 오해하는 사람들이 많습니다. 그러나 다수의 판례에 따르면, MOU, 양해각서 등의 제목을 가지고 있다고 하여 무조건 법적 구속력이 없는 것은 아닙니다. <u>MOU에 다음과 같은 '법적 구속력 배제 조항'을 명시해야, 명확하게 법적 구속력이 배제됩니다.</u>

"본 협약은 당사자 간의 협력사항을 열거한 것으로서 제N조(비밀누설 금지)를 제외하고는 법적 구속력을 갖지 않는다."

약관법에 따르면, '약관'이란 『여러 명의 상대방과 계약을 체결하기 위하여 일정한 형식으로 미리 마련한 계약의 내용』을 의미합니다.

따라서 약관도 계약이지만, 일반 계약과 달리 약관법의 적용을 받으므로, 현저히 불공정한 내용이나 정확하게 설명하지 않은 중요 내용은 무효가 될 가능성이 있습니다.

3. '계약'과 '법률'의 효력 우선 순위

근대 사법의 원칙이며 판례가 당연하게 인정하고 있는 '사적자치의 원칙' 또는 '법률행위자유의 원칙'에 따라, 개인(자연인, 법인, 비법인단체 포함)은 누구나 자유로운 의사에 따라 자신의 권리와 의무에 대해 타인과 약속을 할 수 있으며 국가는 함부로 사적(私的) 생활에 개입하거나 간섭할 수 없습니다. 따라서 누구나 '법률 조항'과 다른 내용으로 계약을 체결할 수 있고 그러한 계약이 유효한 것이 원칙입니다.

그러나 위에서 언급한 '법률 조항'은 **'임의규정'**을 의미하는 것이고, **'강행규정'**에 해당하는 법률 조항은 계약보다 우선적인 효력을 가지기 때문에 강행규정과 다른 내용의 계약은 무효입니다.

강행규정의 예시에는 다음과 같은 것들이 있습니다.

◎ **법률 조항의 명칭에 '강행규정'이라고 명시된 경우**

• **【민법】** 제652조(**강행규정**) 제627조, 제628조, 제631조, 제635조, 제638조, 제640조, 제641조, 제643조 내지 제647조의 규정에 위반하는 약정으로 임차인이나 전차인에게 불리한 것은 그 효력이 없다. → *임차인이나 전차인에게 유리한 내용은 효력이 있음.*

• **【민법】** 제674조의9(**강행규정**) 제674조의3, 제674조의4 또는 제674조의6부터 제674조의8까지의 규정을 위반하는 약정으로서 여행자에게 불리한 것은 효력이 없다. → *여행자에게 유리한 내용은 효력이 있음.*

• **【상가임대차법】** 제15조(**강행규정**) 이 법의 규정에 위반된 약정으로서 임차인에게 불리한 것은 효력이 없다. → *임차인에게 유리한 내용은 효력이 있음.*

◎ **'강행규정' 표시는 없으나 '특정 계약은 효력이 없다(무효)'라는 취지가 명시된 경우**

• **【상법】** 제799조(운송인의 책임경감금지) ①제794조부터 제798조까지의 규정에 반하여 운송인의 의무 또는 책임을 경감 또는

면제하는 당사자 사이의 특약은 **효력이 없다.**

- 【약관법】제6조(일반원칙) ①신의성실의 원칙을 위반하여 공정성을 잃은 약관 조항은 **무효**이다.

- 【약관법】제8조(손해배상액의 예정) 고객에게 부당하게 과중한 지연 손해금 등의 손해배상 의무를 부담시키는 약관 조항은 **무효**로 한다.

- 【보증인보호법】제6조(근보증) ①보증은 채권자와 주채무자 사이의 특정한 계속적 거래계약이나 그 밖의 일정한 종류의 거래로부터 발생하는 채무 또는 특정한 원인에 기하여 계속적으로 발생하는 채무에 대하여도 할 수 있다. 이 경우 그 보증하는 채무의 최고액을 서면으로 특정하여야 한다. ②제1항의 경우 채무의 최고액을 서면으로 특정하지 아니한 보증계약은 **효력이 없다.**

※ 아래와 같이 처벌사항까지 명시된 경우가 있으나 『처벌사항』 때문이 아니라, 금지규정의 문구/해석상 『해당 규정을 위반한 계약은 무효라는 취지』 때문에 강행규정인 것입니다.
(행정단속 규정 등에 처벌사항이 있어도 계약 자체는 유효한 경우도 존재함.)

- 【이자제한법】제8조 ①제2조제1항에서 정한 최고이자율을 초과하여 이자를 받은 자는 **1년 이하의 징역 또는 1천만 원 이하의 벌금**에 처한다.

- 【근로기준법】제20조(위약 예정의 금지) 사용자는 근로계약 불이행에 대한 위약금 또는 손해배상액을 예정하는 계약을 체결하지 못한다. 제114조(벌칙) 다음 각 호의 어느 하나에 해당하는 자는 **500만 원 이하의 벌금**에 처한다. 1. 제6조, 제16조, 제17조, 제20조, 제21조, 제22조제2항, 제47조, 제53조제4항 단서, 제67조제1항·제3항, 제70조제3항, 제73조, 제74조제6항, 제77조, 제94조, 제95조, 제100조 및 제103조를 위반한 자.

◎ **판례가 강행규정이라고 인정한 경우**

- 【2018다290436 판결】상법 제388조는 ~~~ **강행규정이다**.
- 【2012다70388 판결】근로자퇴직급여 보장법 제8조는 ~~~ **강행규정이다**.
- 【2013다40476 판결】민사집행법 제246조 제1항 제8호와 같은 법 시행령 제7조는 ~~~ **강행규정이다**.
- 【2019나9979 판결】농지법 제23조의 규정은 **강행규정이다**.

4. '위임계약', '도급계약', '고용계약', '근로계약', '용역계약'의 차이

『**위임계약**』은 민법에 규정되어 있으며, 위임인이 수임인에게 특정 '사무의 처리'를 위탁하고 수임인은 위임인의 지시·감독을 받지 않으면서 주도적으로 '사무의 처리'를 수행하는 계약으로서, '일의 완성'은 위임계약의 주된 목적이 아닙니다.

『**도급계약**』은 민법에 규정되어 있으며, 도급인이 수급인에게 특정한 '일의 완성'을 의뢰하고 수급인은 도급인의 지시·감독을 받지 않으면서 주도적으로 '일을 완성'하는 계약입니다. 민법 도급계약 내용에 대한 대표적 특별법은 '하도급거래 공정화에 관한 법률(약칭: 하도급법)'입니다.

『**고용계약**』은 민법에 규정되어 있으며, 노무자가 사용자에게 '노무를 제공'할 것을 약정하고, 사용자는 이에 대해 '보수를 지급'할 것을 약정하는 계약으로서, 노무자는 사용자의 지휘·감독에 따라 업무를 수행합니다.

『**근로계약**』은 민법 고용계약 내용에 대한 특별법인 '근로기준법'에 명시된 개념입니다.

『**용역계약**』은 사람의 정신적·육체적 노동력을 이용하여 서비스를 제공하는 계약으로서, 보통 위임계약·도급계약·고용계약·근로계약 등을 통칭하여 사용됩니다. 민법에는 '용역'이라는 표현이 1회밖에 등장하지 않지만, 부가가치세법·상법·하도급법·건설산업기본법 등에서는 여러 번 등장합니다.

5. '사용인감'과 '법인인감'의 차이

'사용인감'은 회사의 상호가 조각되어 있는 도장으로서 회사가 그 제작 및 사용을 공식적으로 승인한 도장입니다. '법인인감'은 등기소에 신고된 사용인감입니다.

'사용인감'은 1개 또는 여러 개가 존재할 수 있습니다. '법인인감'은 1개 회사(법인)에 1개만 존재합니다.
(* 단, 대표이사가 2인 이상일 경우에는 '법인인감'이 대표이사의 수만큼 존재함.)

계약서에 '사용인감'을 날인하든, '법인인감'을 날인하든 법적 효력은 동일합니다. 다만, '법인인감'을 날인하면, 추후 회사가 승인한 도장이 맞는지 여부에 대한 논란을 피할 수 있는 장점이 있습니다. '사용인감'은 누구나 도장 제작 업체를 통해 제작할 수 있기 때문에, 특정 '사용인감'이 회사의 정식 승인을 받은 것인지 증명상의 어려움이 있을 수 있기 때문입니다.

6. '법인인감증명서'의 주된 용도

'법인인감증명서'는 법인인감에 새겨져 있는 인영(도장의 모양)이 인쇄되어 있는 공적 양식이며, 특정 법인인감이 등기소에 신고된 도장이 맞다는 것을 확인시켜 주는 서류입니다. 따라서 법인인감 날인이 필요한 경우에, 『법인인감 날인' + '법인인감증명서 첨부'』의 set가 요구되는 것이 정상적인 상황입니다.

그러나 계약 상대방이나 관공서 담당자가 『'사용인감 날인' + '법인인감증명서 첨부'』를 요구하는 경우가 있는데, 이는 법인인감증명서의 의미·용도에 대한 이해가 부족한 경우가 대부분이며 추후 다시 『'법인인감 날인' + '법인인감증명서 첨부'』로 수정·보완해야 하는 번거로움이 생길 수 있으니, 재확인이 필요합니다.

7. '사용인감계'의 주된 용도

'사용인감계'는 '사용인감'을 날인하는 공간과 '법인인감'을 날인하는 공간으로 구성되어, 특정 사용인감이 회사로부터 정식 승인 받은 도장이 맞다는 것을 증명하는 용도로 사용됩니다.

회사 밖(거래처의 영업점 또는 지방자치단체의 사무실 등)에서 법인인감을 날인할 필요가 있지만 회사 밖으로 법인인감을 가지고 나가기 어려운 경우에, 『'사용인감' + '사용인감계'』 set를 가지고 가서 '사용인감'으로 날인합니다.

또는 지방자치단체와 계약을 체결할 때, 사용인감계의 의미를 명확히 모르는 공무원이 무조건 사용인감계는 필수라고 요구하는 경우가 있는데, 이럴 경우에는 간단히 법인인감만을 날인할 수 있음에도 불구하고 부득이 사용인감계를 작성하기도 합니다.

*사용인감계의 공식적인 양식이 존재하는 것은 아니며, 다음과 같이 다양한
 형태로 작성하여 사용되고 있습니다.

8. '각자대표이사'와 '공동대표이사'

법인등기사항 전부증명서(이하 '법인등기부등본')을 발급받아 보면, 보통은 대표이사가 1인으로 기재되어 있습니다. 그러나 간혹 대표이사가 2인 이상 기재되어 있는 경우도 있습니다.

특별한 표시 없이 『대표이사 A』, 『대표이사 B』로 기재되어 있는 경우에는 각 대표이사를 '각자대표이사'라고 칭하며, 각 대표이사는 단독으로 유효한 법적 문서를 작성할 수 있습니다. 즉, 대표이사 1인의 도장만 날인(또는 서명)되어 있어도 해당 법적 문서상의 권리·의무는 회사에 귀속됩니다.

그러나 『공동대표이사 A』, 『공동대표이사 B』로 기재되어 있는 경우에는 각 대표이사를 '공동대표이사'라고 칭하며, 1인 대표이사가 단독으로 유효한 법적 문서를 작성할 수 없습니다. 즉, 공동대표이사 모두의 도장이 날인(또는 서명)되어 있어야 해당 법적 문서상의 권리·의무가 회사에 귀속됩니다. 우리 회사 또는 상대방 회사의 대표이사가 공동대표이사임에도 불구하고 계약서에 <u>1인 대표이사의 도장만 날인(서명)</u>했을 경우, 해당 <u>계약의 무효 이슈가 발생</u>할 수 있으니 주의가 필요합니다.

각자대표이사와 공동대표이사는 법인등기부등본에 다음과 같이 표시됩니다.

【각자대표이사】

등기번호	555898	
사내이사 손		
	2021 년 03 월 30 일 취임	2021 년 04 월 29 일 등기
대표이사 손		
	2021 년 03 월 30 일 취임	2021 년 04 월 29 일 등기
사내이사 조		
	2021 년 10 월 27 일 취임	2021 년 11 월 05 일 등기
대표이사 조		
)	2021 년 10 월 27 일 취임	2021 년 11 월 05 일 등기

【공동대표이사】

임원에 관한 사항		
공동대표이사	)	
2016 년 월 일 취임	2016 년 월 일 등기	
사내이사		
2016 년 월 일 취임	2016 년 월 일 등기	
공동대표이사		
2016 년 월 일 취임	2016 년 월 일 등기	
사내이사		

계약검토 절차

1. 계약검토 의뢰 담당자 미팅

* 회사의 지원파트 부서에서도 계약검토를 의뢰하지만, 주로 영업(사업)파트 부서에서 계약검토를 의뢰하므로, 이하 '계약검토 의뢰 담당자'를 '사업부 담당자'로 표현합니다.

계약서에 기재되어 있는 글자를 읽어 봤을 때는 딱히 법리·논리적으로 문제가 없지만, 계약서 초안을 작성한 사업부 담당자가 중요하게 생각하는 내용이 명확히 기재되어 있지 않은 경우가 있습니다.

따라서 실질적인 계약검토를 하기에 앞서, 사업부 담당자와의 미팅(또는 전화 통화)을 통해 해당 거래의 본질적인 구조를 파악하고 계약서에 반드시 명시되어야 하는 중요 사항이 무엇인지 확인할 필요가 있습니다.

2. 맞춤법 검사

맞춤법이 틀려도 객관적인 해석이 가능하다면, 계약의 효력에는 영향을 미치지 않습니다. 그러나 맞춤법이 틀린 계약서를 법무 담당자가 결재(승인)했을 경우, 추후 회사로부터 "사소한 맞춤법도 제대로 검토하지 않았는데, 계약서의 중요 법리 및 사실관계를 제대로 검토했을지 의문이다"라는 의심을 받으며 법무 담당자의 업무상 신용도가 저하될 가능성이 있습니다.

따라서 명백하게 눈에 띄는 맞춤법 오류에 대해서는, 사업부 담당자에게 수정·보완하도록 요구할 필요가 있습니다.

3. check list에 의한 검토

많은 법무 담당자들이 그냥 계약서를 쭉쭉 읽어 내려가다가 '감각적으로' 이상하게 생각되거나 문득 중요 사항이 빠졌다고 생각되는 부분을 수정·보완하는 방식으로 계약검토를 진행합니다.

그러나 그렇게 단지 동물적인 감각에 의존하여 검토를 하다 보면, 각 계약 특성에 따른 중점 사항들을 제대로 체크하지 못하고 지나갈 가능성이 높아지며, 허술하고 엉성한 계약검토가 될 수 있습니다.

아무 생각 없이 계약서를 읽어 나가다가 계약기간이 명시되어 있지 않은 것도 발견하지 못하고, 결재(승인)하는 법무 담당자들이 있습니다. 우리 회사의 1회성 의무만 명시된 계약서라면 계약기간이 명시되지 않았어도 리스크가 별로 없겠지만, 우리 회사의 지속적인 의무가 명시된 계약서에 계약기간이 없다면 도대체 우리 회사의 의무는 언제 종료되는 것인지 확정할 수 없기에 상당히 큰 리스크가 발생할 수 있습니다.

그리고 check list 없이 계약검토를 진행하다 보면, 수천만 원 이상의 금액이 기재된 계약서의 금액에 10%의 부가가치세(vat)가 포함된 것인지, 부가가치세는 별도로 지급하는 것인지 확인하는 과정을 깜빡 잊고 지나가는 경우도 발생합니다. 그럴 경우, 분쟁이 발생하면 예상 못 했던 부가가치세만큼의 금액을 더 지급하거나, 예상과 달리 부가가치세만큼의 금액을 수령하지 못하는 중요한 리스크가 발생합니다.

수백만 원의 10%는 수십만 원이지만, 수천만 원의 10%는 수백만 원입니다.

이렇게 감각에 의존하여 계약서를 검토하는 것은 위험하므로, 사전에 준비한 check list를 보면서, 한 땀 한 땀 검토를 해야 합니다.

* 기본 check list의 구체적 예시는 뒤쪽 『Ⅲ. 보편적 check list에 의한 검토』에서 자세하게 서술합니다.

실전 기업법무

4. 계약의 종류(유형)에 따른 검토

민법에는 매매, 소비대차, 임대차, 고용 등 15개의 전형계약 (법률상 명칭이 규정된 계약)이 존재합니다. 그러나 기업법 무 현실에서는 전형계약의 내용들이 혼합되어 있는 비전형 계약, 전형계약으로 설명하기 어려운 형태의 비전형계약이 더 많이 존재합니다.

계약서를 검토할 때, 대부분의 계약에 통용되는 기본 사항들 을 확인해야 하는 것은 당연한 것이고, 그 이외에도 각 계약 의 종류마다 그 특성에 따라 확인해야 할 사항을 숙지할 필요 가 있습니다.

『도급계약서』의 경우에는 완성되어야 하는 목적물의 구체적 인 형태와 기능이 명시된 사양서·수행계획서 등이 첨부되었는지 확인할 필요가 있습니다.

건물 건축 계약서에는 구체적인 설계도와 시방서가 첨부되어야 하는 것을 당연하게 생각하면서, 웹사이트 구축 계약, 광고 게재 계약, 소프트웨어 개발 계약 등의 도급계약서에는 완성해야 하는 목적물에 대해 대략적으로만 서술한 채 구체적인 형태와 기능이 명시된 사양서·수행계획서 등이 첨부되지 않았음에도 불구하고 해당 계약서에 대해 결재(승인)하는 법무 담당자들이 있습니다.

그럴 경우, 추후 목적물이 제대로 완성된 것인지 여부에 대한 분쟁이 발생할 수 있고, 소송이 제기되면 기본적은 소송 비용 이외에도 감정인 선임을 위한 추가적인 비용까지도 지출해야 할 리스크가 있습니다. 정식 사양서·수행계획서 등을 첨부하기 어렵다면, 수급 업체가 영업 활동을 위해 작성한 제안서·안내서 등의 홍보물이라도 계약서에 첨부하고 해당 홍보물까지 간인을 날인하도록 해야 합니다.

우리 회사가 임대인인 경우의 『**임대차계약서**』에는 임차인이 퇴거한 후에 남아 있는 물건들에 대한 처리방안이 명시되었는지 확인할 필요가 있습니다.

임대료 미납 등의 분쟁관계에 있던 임차인이 임대목적물 내에 일부 물건을 방치한 채 연락이 두절되면, 임대인은 임차인이 완전히 퇴거했고 폐기물을 버리고 간 것이라고 생각하여 임대목적물 내부로 들어가서 잔여 물건들을 폐기합니다. 그런데 그 후 임차인이 나타나서 주거침입죄와 재물손괴죄의 형사상 이슈를 제기하고 소유물 폐기에 대한 손해배상 이슈를 제기하면 곤란한 상황이 발생할 수 있습니다.

따라서 임대차계약서에는 『임대차계약 종료 후 임대차목적물 내에 존재하는 물건은 임차인이 소유권을 포기한 것으로

간주하여, 임대인이 해당 물건을 폐기할 수 있으며 임차인은

임대인에게 폐기비용을 지급해야 한다.』라는 취지의 내용을

명시할 필요가 있습니다.

＊ 계약 유형에 따라 확인해야 할 구체적인 내용들은 뒤쪽『Ⅳ. 계약 종
  류(유형)에 따른 검토』에서 자세히 서술합니다.

5. 계약검토 의뢰 담당자에게 수정·보완 사항 전달

계약서에서 수정·보완해야 할 사항이 발견되면, 법무 담당자는 사업부 담당자에게 해당 사항과 함께 수정·보완해야 하는 이유에 대해 설명을 해줘야 합니다.

법무 담당자 중에는 기계적으로 수정·보완해야 할 사항만을 전달하며, 수정·보완해야 하는 이유에 대해 제대로 설명하지 않는 사람들이 있습니다. 그럴 경우, 사업부 담당자가 계약 상대방에게 제대로 설명하지 못하여 거래처가 수정·보완 요구를 거절할 가능성이 높아집니다.

또한 사업부 담당자가 수정·보완 이유를 이해하지 못하면, "돈 벌어 오는 영업을 하기에도 바쁜데, 법무 담당자가 쓸데없는 지적으로 업무를 방해한다"고 오해하여 수정·보완에 제대로 협조하지 않을 가능성도 있습니다.

따라서 수정·보완 사항을 전달할 때는 그래야만 하는 이유에 대해서 구체적으로 설명해 줄 필요가 있습니다.

* 수정·보완 사유를 자세히 설명하기 어렵다면, 최소한 아래와 같은 정도의 이유라도 명시하여 사업부 담당자에게 전달하기를 권장 드립니다.

조항	수정/보완 전의 내용	수정/보완할 사항	이유
제2조7항	A로부터 B가 수취하는 금액을 의미한다.	[A로부터 C가 수취하는 금액을 의미한다.]로 수정 필요.	금액 수취 당사자에 대한 오류를 수정함.
제3조1항 나호	총액을 A에게 지급하며, 운영수수료를 C에게 지급한다.	[B가 총액을 A에게 지급하고, A가 운영수수료를 C에게 지급한다.]로 수정 필요.	당사자들간의 금액 지급 관계를 명확히 함.
제3조1항 다호	B는 용역이 A에게 사용되도록 하며	[B는 별첨 소프트웨어 개발을 완료하는 즉시 A가 해당 소프트웨어를 사용할 수 있도록 A에게 아이디/패스워드를 제공하여 접근 권한을 부여해야 하며]로 수정 필요.	모호한 의미를 명확히 함.
제5조1항	A는 익월 4일 이내에 대금을 지급하고 세금계산서를 발행한다.	[B는 당월 말까지 세금계산서를 발행해야 하고, A는 익월 4 영업일까지 대금을 지급한다.]로 수정 필요.	당사의 대금지급 정책에 부합하도록 수정함.

6. 거래처로부터 수정·보완 계약서 수령

다행히 우리 회사의 수정·보완 의견을 거래처가 그대로 수용해 준다면, 수정·보완된 계약서에 날인하여 계약을 체결하면 됩니다.

그러나 기업법무 현실에서 다음과 같은 이유로, 우리 회사의 의견을 100% 수용해 주는 거래처가 많지 않습니다.

① 거래처에서 이미 최초 계약서 초안으로 내부 보고·기안을 완료한 상태임.

② 거래처의 법무 담당자가 거래처에게 조금이라도 불리한 내용은 결재(승인)하지 않음.

③ 최초 계약서 초안이 거래처의 표준양식이라서 금액과 날짜 외에는 수정이 불가능함.

④ 공무원이 무조건 최초 계약서 초안으로만 체결해야 한다
고 함.

⑤ 제휴 서비스 오픈 날짜가 임박하여, 양사 간 협의를 거쳐
계약서를 수정할 시간이 없음.

이런 경우에 양사 간 거래 관계에서 우리 회사가 훨씬 우월적
인 관계에 있지 않다면, 부득이 불명확하거나 우리 회사에 불
리한 내용이 남아 있는 채로 계약을 체결할 수밖에 없는 상황
들이 발생합니다. <u>그럴 경우에는 다음 7. 항목의 조치를 취할
필요가 있습니다.</u>

7. 부당·불리한 계약 체결에 대한 보완 자료 확보

거래처 담당자는 우리 회사의 수정·보완 의견을 납득하지만 거래처의 회사 사정으로 인해 수정·보완이 어려운 경우에는, 거래처 담당자와 우리 회사 사업부 담당자 간 이메일 수·발신을 통해, 『계약서에 명시된 특정 문구에도 불구하고 해당 문구의 원래 의미는 ○○○○○이다』라는 취지의 이메일을 확보해 둘 필요가 있습니다.

거래처 담당자가 이메일을 남기는 것에 대해 부담을 느껴서 협조가 어려운 경우에는, 우리 회사 사업부 담당자가 거래처 담당자와 휴대폰 통화를 하며 특정 문구의 원래 의미에 대한 대화를 몰래 녹음하도록 할 필요가 있습니다.

* 통신비밀보호법상 대화 당사자가 아닌 제3자가 몰래 녹음하는 것은 불법이지만, 대화 당사자 간에 몰래 녹음하는 것은 불법이 아닙니다. 몰래 녹음하는 과정에서 거래처 담당자에 대한 도의적 미안함은 있겠지만, 전쟁과 같은 Business 현장에서 중대한

리스크 발생 상황을 대비하기 위해서는 부득이한 선택입니다.
[참고] 통신비밀보호법 제3조1항은 '공개되지 않은 타인 간의 대화'의 녹음·청취를 금지하고 있을 뿐이며, '나와 타인 간의 대화(내 목소리가 포함된 대화)'의 녹음은 금지하고 있지 않습니다.

실전 기업법무

8. 법무 담당자에 대한 징계·질책 대응 자료 확보

거래처 담당자 또는 사업부 담당자의 협조 곤란으로 인해 <u>위</u> <u>7. 항목</u>의 조치를 취할 수 없다면 해당 사안을 경영진에게 보고하고, 경영진이 『리스크를 감수하며 계약을 체결할 것인지, 리스크 해결 전에는 체결하지 않을 것인지』경영판단을 하도록 하여 그 판단에 따라 처리해야 합니다.

그러나 리스크가 그리 크지 않거나 리스크 발생 가능성이 현저히 낮은 경우에는, 사업부 담당자의 요청 등으로 인해 <u>경영</u> <u>진에게 보고하지 못하고 그대로 계약을 체결해야 하는 상황</u> <u>이 발생</u>합니다. 또한 우리 회사의 경영진과 거래처 경영진과의 개인적 합의에 따라, <u>부당·불리한 계약서를 그대로 결재</u> <u>(승인)</u>하도록 지시를 받는 상황도 발생합니다.

이럴 경우, 추후 해당 계약서로 인해 <u>실제로 우리 회사에 손</u>

해가 발생하게 되면 사업부 담당자뿐만 아니라 법무 담당자도 책임을 부담하게 될 위험이 있습니다. 그런 상황이 왔을 때, 과거의 부득이한 상황을 말로 설명한다고 해서 이해해줄 주변 사람이 별로 없으며, 심지어 오래전의 일이라서 법무 담당자 스스로도 본인이 왜 그런 부당·불리한 계약서를 결재(승인)했었는지 기억하지 못하는 상황에 놓이게 됩니다.

이런 위험을 방지 또는 완화하기 위해, 법무 담당자는 전자기안·종이기안의 본문 또는 첨언에 다음과 같이 부득이한 상황에 대한 설명을 기재해 둬야 합니다.

> ☞ "제○조에 당사의 과실에 대한 위약금이 과도한 금액으로 명시되어 있으나, 상대방 내부 사정으로 인해 수정이 불가능한 상황임. 사업부 담당자가 제○조를 준수하여 위약금이 발생하지 않도록 하겠다고 약속했기에, 본 계약을 결재(승인)함."

☞ "제○조에 상대방이 당사로부터 수령한 기술 정보를 자유롭게 사용할 수 있다고 명시되어 있기에 사용 제한에 대한 수정이 필요하지만, 상대방측 공무원과 협의가 되지 않아서 수정이 불가능한 상황임. 사업부 담당자 확인 결과, 계약서 문구와 달리 실제로 당사가 상대방에게 제공하는 기술 정보는 없음. 사실상 리스크가 없기에 본 계약을 결재(승인)함."

☞ "제○조에 본 계약의 해석상 이견이 있는 경우 상대방 해석을 따르도록 명시되어 있기에 수정이 필요하지만, 대부분의 조문 내용이 명확하여 이견이 발생할 가능성이 낮은 것으로 판단됨. 이에 사업부 담당자와 함께 대표이사님께 구두 보고 후 본 계약을 결재(승인)함."

☞ "B(거래처)로부터 'B는 본 계약서 양식으로 여러 당사자와 계약을 체결하기 때문에, 계약서 양식 수정이 불가능하다'는 이메일을 수령했음. 그렇다면 본 계약서는 약관법상의

> 약관에 해당되므로, 추후 현저히 불공정한 문구는 약관법
> 에 따라 무효가 된다고 주장할 수 있기에, 부득이 본 계약
> 서 양식으로 진행하기로 함."

관련인들의 요청에 따라 위와 같은 기록을 남기기 어렵다면,
해당 사업부 담당자에게 다음과 같이 <u>간접적인 내용의 이메</u>
<u>일을 발송하여 기록을 확보</u>해 둬야 합니다.

> ☞ "과장님, 당사 업무 절차에 따라 계약 체결 즉시 스캔본
> 을 법무팀에 제출하셔야 하니 챙겨주세요. 그리고 말씀
> 하신 대로 ○○○계약의 위약금이 발생하지 않도록 주
> 의를 부탁드립니다."
>
> ☞ "차장님, 말씀하신 대로 ○○○계약 관련 계약서 문구와
> 달리 당사가 안산시에 제공하는 기술 정보가 없다니 다
> 행이네요. 그럼에도 불구하고, 혹시 기술 정보를 제공해

실전 기업법무

야 하는 사정이 발생하면 미리 법무팀에 알려 주시기 바랍니다."

☞ "부장님, ○○○계약 관련 오늘 함께 대표님께 보고 드렸듯, 수정 없이 그대로 체결하는 것으로 기안 결재를 완료했습니다. 확인 후 인감 날인 절차 실행을 요청드립니다."

9. 계약서 실물 취합 관리

법무 담당자가 계약검토를 완료하면, 인장 날인 후 계약서 원본을 각 사업부에서 관리하는 회사들이 있습니다. 그러나 부서가 통폐합되거나 담당자가 퇴사하는 경우에 계약서 원본이 분실될 위험이 있기에, 인장 날인 즉시 계약서 원본을 특정 부서에 제출하게 하여 일괄적으로 원본을 관리할 필요가 있습니다.

다만, 계약서 실물 관리를 위해서는 계약서 제출 독촉, 취합된 계약서 스캔·등록, 원본 정렬·보관을 위한 labeling 작업, 잠금 장치가 있는 장소에 보관 등 상당한 물리적 에너지가 소요되기에 법무 담당자가 이러한 업무까지 수행하기에는 곤란한 점이 있습니다.

그러나 회사의 이익을 위해서는 계약검토만큼 계약서 원본 관리도 중요한 업무이기에, 총무팀이나 경영지원 부서 등과 협의하여 특정 부서에서 계약서 원본 취합 및 보관·관리를 할 수 있도록 절차를 수립해야 합니다.

III

보편적 check list에 의한 검토

1. 약 30가지의 확인 사항

앞서 언급했듯이, '동물적 감각'에 의존하여 계약검토를 진행하다 보면 중요 확인 사항들을 제대로 체크하지 못하고 지나갈 가능성이 높아지며, 그에 따라 허술하고 엉성한 계약검토가 될 수 있습니다.

따라서 아래와 같이 미리 준비한 기본 check list를 보면서, 세밀하게 계약검토를 진행해야 합니다.

구분	NO.	확인 사항
검토 방향성 등	1	계약검토 의뢰 담당자와 사전 회의(또는 전화 통화)를 진행했는지?
	2	본 계약은 어떤 업무(거래)를 하기 위한 것인지 설명할 수 있는지?
	3	본 계약은 어떤 종류의 계약에 가까운지 설명할 수 있는지?
	4	본 계약의 '목적' 조문이 상대방에게 유리하게 표현되어 있는지?

오타, 오기 등	5	금액에 대한 숫자표시와 한글표시가 일치하는지?
	6	금액 표시와 관련하여, 부가세 포함 여부가 명확한지?
	7	공급가액과 부가세의 합계가 총 금액과 일치하는지?
	8	조항의 표시가 올바르게 표기되어 있는지?
계약 당사자	9	당사자 표시가 정확한지?
	10	당사자 간의 권리, 의무가 바뀌어 있는 부분이 없는지?
	11	당사자가 아닌 제3자의 권리·의무가 기재되어 있는지?
계약 기간	12	계약기간이 명시되어 있는지?
	13	계약기간과 업무수행기간이 불명확하게 혼재되어 있는지?
	14	계약기간의 시작일이나 종료일이 중의적으로 해석될 가능성이 있는지?
	15	자동갱신 조항이 있다면 자동갱신의 요건이 적절한지?
대금 지급 및 담보	16	당사가 재화 또는 용역을 먼저 공급하고 대금을 나중에 받는 경우에, 담보 확보에 대한 내용이 합리적인지?
	17	당사가 대금을 먼저 지급하는 경우에, 담보 확보에 대한 내용이 합리적인지?
	18	대금 지급 방법 및 지급 시기(기준)가 적절한지?
손해 배상	19	손해배상 기준과 범위에 불합리한 점이 있는지?
	20	손해배상액 예정(위약금, 지체상금 등)이 있는 경우에 추가 손해에 대한 배상청구가 가능한지?
분쟁 상황 등	21	약정해지 조항이 존재하는지?
	22	계약해제(해지)조항 내용이 우리 회사에게 불리하지 않은지?
	23	제3자로 인한 문제발생 시 책임 및 면책조항이 있는지?
	24	부제소특약으로 해석될 내용이 있는지?
	25	소송 관할은 적절한지?

	26	지식재산권에 대한 사항이 기재되어 있는지?(기재할 필요 없는지?)
지식재산권 등	27	지식재산권의 귀속 주체가 합리적인지?
	28	데이터 사용권에 대한 사항이 기재되어 있는지?(기재할 필요 없는지?)
	29	데이터 사용권의 귀속 주체가 합리적인지?
해석 기준	30	계약 내용 해석 기준이 합리적인지?
날인 부분 표시	31	기명날인, 서명날인 표시가 적절한지?
	32	(개인, 연대보증인) full 주민등록번호가 기재되었는지?

* 기타 각 회사의 업종 특성에 따라, 추가 검토 항목을 지속적으로 업데이트해야 합니다.

2. 각 확인 사항에 대한 세부 설명

(1) 계약검토 의뢰 담당자와의 사전 미팅

계약 당사자 간에 여러 약속을 했지만, 정작 계약서에는 약속 중 일부 내용이 누락된 경우들이 있습니다. 그런 구체적 약속을 모르는 법무 담당자가 계약서의 글씨만 읽으며 검토할 경우, 중요 약속 반영 여부 확인이 불가능합니다.

잠깐이라도 의뢰 담당자와 회의(또는 전화통화)를 하여, 특이한 issue나 꼭 반영되어야 하는 사항을 알아내어 우리 회사에 유리하게 반영하도록 해야 합니다.

또한 금액, 제품 사양, 업무 방식 등 계약의 핵심을 이루는 '중요 사항'에 대해, 막연하게 『금액 산정 방식은 양 당사자가 협의하여 정한다.』, 『제품의 구체적 사양이나 용역 제공 방식은 양 당사자가 합의한 내용을 따른다.』처럼 알맹이가 빠져 있는 계약 내용에 대해서는 의뢰 담당자에게 구체적인 내용을 기재하도록 요구해야 합니다.

그러나 '중요 사항'을 현재로서 구체화할 수 없는 특별한 사정이 있다면, 법무 담당자는 계약검토 기안문의 첨언에 그러한 중요 사항은 추후 정해질 수밖에 없다는 점을 명시하여 기안을 결재하는 경영진이 이를 인지하면서 결재하도록 해야 합니다.

계약검토 의뢰 담당자의 말만 믿고 첨언도 남기지 않으면서 그런 허술한 계약을 결재(승인)했다가, 거래처와 우리 회사 간에 '중요 사항'에 대한 협상이 결렬되어 사업에 장애가 발생하면 계약 체결을 결재(승인)한 법무 담당자가 질책을 받을 수 있으니 주의가 필요합니다.

⑵ 계약 주요 내용을 제3자에게 설명할 수 있을 정도로 이해

계약서를 읽으면 어떤 업무(거래)를 하는지 대충은 알 수는 있으나, 해당 거래 구조를 구체적으로 이해하지는 못한 상태에서 계약검토를 하고 결재(승인)을 하는 것은 『전자제품의 회로 구조를 잘 모르는 사람이 해당 전자제품의 안전성·기능성 등에 대해 인증·보장을 해주는 행위』처럼 위험한 것입니다. 사업부 담당자로부터 설명을 들은 거래 구조를 법무 담당자가 스스로 제3자에게 설명할 수 있는지 혼잣말로 되뇌어 볼 필요가 있습니다.

(3) 계약의 종류(유형) 분석

매매, 도급, 위임, 임대차 등의 각 특성에 따라 검토해야 할 포인트에 차이가 있기 때문에, 어떤 종류에 가까운 계약인지 확인할 필요가 있습니다.

* 계약 유형에 따라 확인해야 할 구체적인 내용들은 뒤쪽 『IV. 계약 종류(유형)에 따른 검토』에서 자세히 서술합니다.

(4) 계약서의 '목적' 조문 확인

계약서의 초반에 등장하는 '목적' 조문은 법적인 의미가 없다고 생각하여, 검토 없이 지나가는 법무 담당자들이 있습니다. 그러나 계약서에 기재된 용어나 문맥이 이중적으로 해석될 수 있는 경우에는, '목적' 조문 내용이 해석의 기준이 될 수 있기에 반드시 확인을 해야 합니다.

'목적' 조문이 『A(상대방)와 B(우리 회사)는 A(상대방)의 이익과 B의 계약 이행을 위하여, 신의성실로 본 계약을 체결한다.』와 같이 상대방에게 일방적으로 유리하게 표현되지 않도록 해야 합니다.

(상대방이 우월한 지위에 있는 경우에, 실제로 이러한 내용이 반영되기도 함.)

(5) 숫자표시와 한글표시 일치 여부 확인

예를 들면,『금삼천이백 원(₩32,000,000)』과 같은 오타가 남아 있지 않도록 확인해야 합니다.

(6) 부가가치세 포함 여부 확인

『물품대금 ₩32,000,000(vat 포함)』,『물품대금 ₩32,000,000(vat 별도)』와 같이 부가가치세 포함 여부가 명확한지 확인할 필요가 있습니다.

판례에 따르면 부가가치세 포함 여부가 명시되지 않고 숫자만 기재된 경우, 해당 숫자에 부가가치세가 포함된 것으로 간주하므로, 제대로 확인하지 않으면 부가가치세만큼의 금액 손해가 발생할 수 있습니다.

(7) 공급가액과 부가가치세의 합계 확인

『총 금액 35,000,000(공급가액 32,000,000원, 부가세 3,200,000원)』
과 같이 합계의 오류가 없도록 확인해야 합니다.

(8) 조항 표시 확인

『제1조 ~~~, 제2조 ~~~, 제2조 ~~~, 제3조 ~~~』와 같은 조항 표시
오류가 없도록 확인해야 합니다. 그리고 법률 조문 규칙에 따라,
『제N**조** → 제N**항** → 제N**호** → 제N**목**』순으로 기재하는 것이 적절합
니다.

(9) 당사자 표시 확인

기존 계약서 양식을 재활용하는 경우에, 엉뚱한 계약 당사자의 상호
가 기재되어 있는 경우가 있으므로 당사자 표시를 정확히 확인해야
합니다. 또한 '주식회사 ○○건설'인지 '○○건설 주식회사'인지, 법
인등기부등본에 표시된 정확한 상호를 기재하는 것이 적절합니다.

* '주식회사'를 잘못 기재해도 계약의 효력에는 영향이 없으나, "그 정도 기본도
  확인하지 않은 법무 담당자라면 더 중요한 법리들을 꼼꼼히 검토했을 리 없
  다"라는 신뢰 저하의 문제가 생길 수 있습니다.

(10) 당사자 간의 뒤바뀐 권리·의무 오류 확인

기존 계약서 양식을 재활용하는 경우에, A가 수행해야 하는 의무(또는 업무)를 B가 해야 하는 의무(또는 업무)로 잘못 기재한 경우가 있으므로 계약서 곳곳에 등장하는 당사자 표시를 꼼꼼히 확인해야 합니다.

(11) 제3자의 권리·의무 확인

A와 B가 체결하는 계약(2자 간 계약)인데, 『C는 A와 B가 합의한 사항을 준수해야 한다』와 같이 제3자의 의무를 기재한 경우가 있습니다. 이러한 조문은 C에게 효력을 미칠 수 없기에 무의미한 조항이 될 수 있으니, 『A는 C로 하여금 A와 B가 합의한 사항을 준수하도록 해야 한다』와 같이 계약 당사자 중 일방에게 의무를 부여하는 방식으로 변경하는 것이 그나마 해당 조문의 취지를 살릴 수 있는 방법입니다.

(12) 계약기간 유무 확인

사실상 1회성 의무에 대한 사항(e.g. 'ㅇ월 ㅇ일까지 물품 공급',

'1심 소송 업무 수행' 등)이라면, 계약서에 계약기간이 명시되지 않아도 크게 문제될 것이 없습니다. 그러나 우리 회사의 지속적인 의무가 기재된 계약서(e.g. '매월 ○을 지급', '수익금이 발생할 때마다 10%를 지급' 등)의 경우, 계약기간이 없다면 영원히 또는 예상과 달리 긴 시간 동안 의무를 이행해야 하는 리스크가 발생합니다.

그리고 회사에서 수많은 계약서를 관리하는 과정에서, 현재 유효한 계약인지 여부를 판단할 때 계약기간은 1차적인 기준이 되므로, 가능하면 계약기간을 명시하도록 할 필요가 있습니다.

(13) 계약기간과 업무수행기간 구분

『A는 2023년 6월 30일까지 프로그램 제작을 완료해야 하며, B는 7월 30일까지 A에게 용역비를 지급해야 한다. 본 계약의 계약기간은 2023년 5월 1일부터 2023년 6월 30일까지이다.』와 같이 계약기간과 업무수행기간의 개념이 혼재되어 있는 경우가 있습니다.

'계약기간'은 계약서에 기재된 권리·의무의 효력이 발생되고 소멸되는 기간을 의미합니다.

'업무수행기간'은 계약기간 내에서 실제로 업무를 시작하고 완료해야 하는 기간을 의미합니다.

→ 위 예시에서 업무수행기간은 2023년 5월 1일부터 2023년 6월 30일까지입니다. 그리고 업무가 끝났어도 대금 지급 의무가 유효하게 남아 있습니다. 따라서 위 예시에서 계약기간은 2023년 5월 1일(또는 계약 체결일)부터 2023년 7월 30일까지 또는 그 이후의 특정일까지로 수정하는 것이 적절합니다.

(14) 계약기간 중의적 해석 가능성 여부 확인

(* 계약서 끝 부분에 계약 체결일이 2023년 6월 1일로 기재되어 있다는 전제에서)『본 계약은 계약 체결일부터 효력이 발생된다. / 본 계약의 계약기간은 2023년 5월 1일부터 2024년 4월 30일까지이다.』라고 되어 있으면, 계약기간이 2023년 6월 1일부터 시작되는 것인지, 2023년 5월 1일부터 시작되는 것인지 효력 발생 시점이 불명확하게 됩니다.

계약 체결일부터 효력이 발생된다는 부분을 남기려면, 계약기간은 시작일(5월 1일) 부분을 삭제하고 만료일 부분만을 남기는 것이 적절합니다.

그러나 계약기간을 그대로 남기려면, 계약 체결일부터 효력이 발생된다는 부분을 삭제하는 것이 적절합니다.

또한 『본 계약은 도급 목적물을 도급인에게 전달함으로써 종료된다. 본 계약의 계약기간은 체결일부터 2023년 9월 30일까지이다.』라고 되어 있으면 계약의 효력이 끝나는 때가 언제인지 불명확하게 되므로, 논리적으로 수정해야 합니다.

(15) 자동갱신 요건 확인

『계약 만료일의 1개월 전까지 어느 일방 당사자가 계약 해지의 의사표시를 하지 않는 한, 본 계약은 동일한 조건으로 1년씩 자동 연장된다.』에서 '해지'는 계약기간의 중간에 계약을 끝내는 것이므로, 계약기간을 다 채우고 더 이상 연장하지 않는다는 의미와는 맞지 않습니다. 따라서 '해지의 의사표시'는 '종료의 의사표시' 또는 '갱신 거절의 의사표시'로 수정하는 것이 적절합니다.

『계약 만료일의 1개월 전까지 양 당사자가 계약 종료의 의사표시를 하지 않는 한, 본 계약은 동일한 조건으로 1년씩 자동 연장된다.』의 경우, 양 당사자 '모두가' 계약 종료의 의사표시를 해야지만 자동 연장이 되지 않으며, 일방 당사자가 계약 종료의 의사표시를 해도 상대방이 계약 종료의 의사표시를 하지 않으면 지속적으로 갱신된다고 해석될 가능성이 있습니다. 정말 그런 의도로 작성한 문구가 아니라면, '양 당사자'를 '어느 일방 당사자'로 수정하는 것이 적절합니다.

또한 사업부 담당자를 통해, 추후 재계약 협상 시 우리 회사에 더 좋은 조건(e.g. 단가 인상, 단가 인하 등)의 계약 체결이 가능한지 확인할 필요가 있습니다.

재계약에서 우리 회사에 더 좋은 조건을 얻어 낼 수 있다면, '의도치 않게 자동갱신되는 상황'을 방지하기 위해 자동갱신 조항을 삭제할 필요가 있습니다.

그러나 재계약 협상이 우리 회사에 불리할 것으로 예상된다면, '상대방이 자동갱신 여부를 제대로 챙기지 못하여, 조용히 자동갱신이 되는 상황'을 기대하며 자동갱신 조항을 반영해 둘 필요가 있습니다.

(16) & (17) 담보확보 여부 확인

우리 회사가 대금을 먼저 지급하는 계약에서 상대방이 계약상의 업무(의무)를 이행하지 않거나, 우리 회사가 먼저 물품·용역을 제공하는 계약에서 상대방이 대금을 지급하지 않는 경우를 대비하여, 상대방이 담보를 제공하도록 하는 내용을 계약서에 명시할 필요가 있습니다.(≒ 사업부 담당자를 독려하여, 상대방과 담보 제공 협의를 하도록 해야 함.)

그러나 기업거래 현실에서 상대방이 담보를 제공할 여력이 안 되거나 상대방이 우리 회사보다 우월한 위치에 있는 경우 등의 이유로 담보를 확보하지 못하고(≒ 계약서에 명시하지 못하고) 거래를 진행할 수밖에 없는 경우가 빈번합니다.

그러다가 실제 리스크가 발생하면 사업부 담당자뿐만 아니라 그런 계약 체결을 승인(결재)한 법무 담당자도 질책·징계를 받을 리스크가 있습니다.

따라서 담보를 수령하지 못하는 상황이라면, 해당 사유를 다음과 같이 기안의 첨언에 기록해 두어야 합니다.

- 당사 담보 규정에서 정한 기준 금액 미만이므로, 별도로 담보를 수령하지 않음.

- 상대방은 자산 ○○○원 규모의 상대적으로 우량한 법인이므로, 담보를 수령하지 않아도 추후 부득이한 경우에 강제집행이 가능함.

- 상대방은 지방자치단체이므로, 담보를 수령하지 않아도 미수금 회수에 곤란함이 없음.

- 상대방은 영세한 법인이지만, 당사와 2년 이상 문제없이 거래해 온 점을 고려하여 경영지원 본부장님의 사전 승인하에 별도로 담보를 수령하지 않고 진행하기로 함.

- 1회 물품 출하 수량(금액)을 1천만 원 이하로 제한하고, 해당 대금이 전액 회수되면 다시 1천만 원 이하의 물품을 출하하는 방식으로, 잔고 수위를 관리하는 것으로 사업부 담당자와 합의하였습니다.

* 위와 같이 그나마 납득할 만한 사유가 존재하지 않는다면 그런 계약 체결을 함부로 승인(결재)해서는 안 되며, 사업부에서 정식으로 담보 예외 기안을 작성하도록 하고 기안 결재 완료 후에 계약 체결을 승인(결재)해야 합니다.

【담보의 종류】

- 보증보험(보증보험회사가 발급)
- 지급보증(은행이 발급)
- 근저당(토지, 일반건물, 집합건물 등)
- 질권(예금, 적금, 연금 등)
- 기타(연대보증, 현금담보, 매출채권양도 등)

(18) 대금 지급 방법 및 지급 시기 확인

회사의 회계·재무 정책에 따라, 『재화·용역의 '공급자'가 세금계산서를 먼저 발행한 후에 '공급받는자'가 대금을 지급하는 경우』가 있고, 『'공급받는자'가 먼저 대금을 지급한 후에 '공급자'가 세금계산서를 발행하는 경우』도 있습니다.

회사의 회계·재무 정책에 맞는 내용으로 문구가 작성되었는지 확인해야 합니다.

(e.g. 발주사는 검수 완료 후 3영업일 내에 세금계산서를 발행해야 하고, 수행사는 세금계산서를 수령한 달의 다음 달 말일까지 대금을 지급해야 한다.)

(19) 손해배상 기준과 범위 확인

계약서에 손해배상 관련 조문이 명시되어 있지 않으면, 법률에 따라 당연히 『귀책사유 있는 당사자』가 손해배상 책임을 부담합니다. 그러나 우리 회사의 귀책사유가 없음에도 불구하고, 『불가항력적인 상황』이나 『상대방에게 귀책사유가 있는 경우』뿐만 아니라 『상대방의 고객에게 귀책사유가 있는 경우』에도 우리 회사가 손해배상 책임을 부담하도록 하는 불공정한 계약 문구가 명시된 계약서가 있습니다.

그런 계약서 문구는 반드시 손해배상 책임을 '우리 회사에게 귀책사유 있는 경우'로 한정하도록 수정해야 합니다. 그러나 상대방과 손해배상 당사자 및 범위 등에 대한 의견 차이가 좁혀지지 않는 경우에는, 아예 손해배상 관련 조문을 삭제하거나 '손해배상과 관련된 사항은 법률에 따라 판단한다'라는 취지의 문구로 조정하는 방법도 있습니다.

(20-1) 위약금 및 추가 손해 청구 가능 여부 확인

일반적인 거래에서 손해가 발생했더라도 '손해액이 얼마인지' 증명하지 못하면 손해배상금을 청구할 수 없는 경우가 발생합니다. 이에 대한 보완책으로 미리 손해배상금 액수를 정해 놓은 것이 위약금입니다.〈민법 제398조 참고〉

【민법 제398조(배상액의 예정)】

제1항. 당사자는 채무불이행에 관한 손해배상액을 예정할 수 있다.

제4항. 위약금의 약정은 손해배상액의 예정으로 추정한다.

제2항. 손해배상의 예정액이 부당히 과다한 경우에는 법원은 적당히 감액할 수 있다.

보통 'B가 업무수행기간 내에 업무를 완료하지 못하면, B는 A에게

○○○만 원의 위약금을 지급한다'처럼 불변금액으로 명시하는 것이 보통이지만, 판례에 따르면 다음과 같이 변동금액으로 명시하는 것도 위약금에 해당합니다.

> e.g. B가 납품기일 내에 물품을 납품하지 못하면, 납품 완료일까지 1일마다 계약 총금액 1,000만 원에 3/1,000을 곱한 비율의 위약금을 A에게 지급한다.

그런데 판례에 따르면, 위약금이 있는 경우에는 원칙적으로 오로지 해당 위약금만을 청구해야 하며, 추가적인 손해에 대한 배상금을 청구할 수 없습니다. 그렇다면, 아래와 같은 부당한 상황이 발생할 수 있습니다.

- B가 납품기일을 10일 위반하여 우리 회사에 30만 원(= 10,000,000원 × 3/1,000 × 10일)을 지급함.
- 우리 회사는 B로부터 물품을 납품 받아서 정해진 기일 내에 C에게 납품해야 하고, 해당 기일을 어길 경우 위약금 300만 원을

지급하는 것으로 계약이 체결되어 있음.

→ 이 경우에 우리 회사는 B로부터 30만 원의 위약금밖에 수령하지 못하면서, C에게 300만 원의 위약금을 지급해야 함.

따라서 위약금 조항을 명시할 때는, 『B는 위약금 이외에도, A(우리 회사)가 해당 물품을 기일 내에 제3자에게 납품하지 못하여 입게 되는 손해 및 기타 추가 손해에 대해서도 A에게 배상해야 한다』라는 취지의 내용을 추가로 명시해 두어야 합니다.

(20-2) '위약금'을 '위약벌'로 변경

'위약벌'은 판례가 인정하는 개념으로서, 약속을 어겼다는 것에 대한 제재금(일종의 '벌칙')이며, 계약서에 '위약벌'을 명시했어도 이와 별도로 손해배상금 청구가 가능합니다.

'위약금'은 민법 제398조2항에 따라 법원 재량으로 감액할 수 있으나, '위약벌'은 법원 재량으로 감액할 수 없습니다. 다만, 공서양속에 반할 정도로 과도한 경우에는 일부 또는 전부가 무효가 될 수는 있습니다. (2018다248855 판결 2013다63257 판결)

이 점을 감안하여, 거래 규모 및 의무 이행의 중요성에 비해 비현실적으로 과도한 금액이 아니라면 다음과 같이 '위약금' 대신 '위약벌'이라는 표현을 사용하여 감액 주장에 대응할 수 있습니다.

> e.g. B(계약 상대방)가 본 계약 제4조의 의무를 이행하지 않는 경우, B는 A(우리 회사)에게 위약벌로 5천만 원을 지급해야 한다.

(21-1) 약정해지 조항 여부 확인

'해제'란 1회성 채권채무 관계(e.g. 매매, 도급, 증여 등)에서 유효하게 성립한 계약의 효력을 소급적으로 소멸시키는 일방 당사자의 의사표시를 의미합니다.

'해지'란 계속적 채권채무 관계(e.g. 임대차, 사용대차, 고용, 위임, 임치 등)에서 유효하게 성립한 계약의 효력을 장래에 향하여 소멸시키는 일방 당사자의 의사표시를 의미합니다.

'해제'에 대해서는 모든 종류의 1회성 채권채무 계약에 적용되는 '일반적 법정해제권'을 명시한 법률 조항이 존재합니다.〈민법 제544조~546조 참고〉

【민법】

제544조(이행지체와 해제) 당사자 일방이 그 채무를 이행하지 아니하는 때에는 상대방은 상당한 기간을 정하여 그 이행을 최고하고 그 기간내에 이행하지 아니한 때에는 계약을 **해제**할 수 있다. 그러나 채무자가 미리 이행하지 아니할 의사를 표시한 경우에는 최고를 요하지 아니한다.

제545조(정기행위와 해제) 계약의 성질 또는 당사자의 의사표시에 의하여 일정한 시일 또는 일정한 기간내에 이행하지 아니하면 계약의 목적을 달성할 수 없을 경우에 당사자 일방이 그 시기에 이행하지 아니한 때에는 상대방은 전조의 최고를 하지 아니하고 계약을 **해제**할 수 있다.

제546조(이행불능과 해제) 채무자의 책임 있는 사유로 이행이 불능하게 된 때에는 채권자는 계약을 **해제**할 수 있다.

그러나 '해지'에 대해서는 '일반적 법정해지권'을 명시한 법률 조항이 존재하지 않고, 각각의 계속적 전형계약(e.g. 임대차, 사용대차, 고용, 위임, 임치 등) 부분에서 각 전형계약의 특성에 맞는 법정해지권을 규정하고 있습니다.〈민법 제610조, 제613조, 제614조, 제625조,

제627조, 제629조, 제635조 등 참고〉

따라서 계속적인 채권채무 계약이지만 법률에 규정된 전형계약인지 모호한 경우(e.g. 매월 정해진 수량의 물품을 공급하는 계약, 매월 경영진단 보고서를 작성하여 제출하는 계약 등)에 법정해지권이 존재하지 않기 때문에, 계약서에 약정해지권을 명시하지 않으면 해지가 필요할 때 해지할 수 없는 상황이 발생하게 됩니다.

따라서 필요할 때 해지권을 행사할 수 있도록, 다음과 같은 약정해지권을 계약서에 명시할 필요가 있습니다.

> e.g. 당사자 중 일방이 본 계약상의 의무를 이행하지 않을 경우, 상대방이 7일 이상의 기간을 정하여 이행을 요구했음에도 불구하고 일방이 해당 의무를 이행하지 않으면, 상대방은 본 계약을 해지할 수 있다.

(21-2) 약정해지 및 해제 조항 동시 존재 여부 확인

1개의 계약서에는 1개의 권리·의무만 있는 것이 아니라 여러 개의 권리·의무가 들어 있습니다. 또한 1개의 계약서에 1회성 채권채무

실전 기업법무

관계와 계속적 채권채무 관계가 함께 명시된 경우도 있습니다.

e.g. 의뢰인은 2023.06.01.부터 의뢰인 소유의 건설장비를 수행인에게 임대해 주고, 수행인은 해당 건설 장비를 이용하거나 자신 소유의 건설 장비를 이용하여 2023.12.31.까지 별첨의 건축물을 완공해야 한다.

이런 경우에, 1회성 채권채무 부분만 해지해야 할 상황이 발생하거나 계속적 채권채무 부분만 해제해야 할 상황이 발생할 수 있습니다. 따라서 가능하면 계약서에는 다음과 같이 해지 조항과 해제 조항을 함께 기재해 둘 필요가 있습니다.

e.g. 당사자 중 일방이 본 계약상의 거래금액을 제3자에게 누설하는 경우, 상대방은 본 계약의 전부 또는 일부를 해지·해제할 수 있다.

* 특히 기업법무 현실에는 민법을 그대로 적용하기 어려운 비전형계약이 다수 존재하고, 그런 비전형계약이 1회성 채권채무 관계인지 계속적 채권채무 관계인지 즉시 명확하게 판단하기 어려운 경우도 있기 때문에, 위와 같이 해지와 해제를 함께 기재해 두는 것이 적절합니다.

(22) 부당한 해지·해제 사유 여부 확인

계약서에 『B가 계약상의 업무를 수행할 능력이 없다고 A가 판단하는 경우에, A는 본 계약을 해지·해제할 수 있다.』 취지로 기재된 경우가 있습니다. 그런 내용은 B에게 현저히 불리하므로, '객관적으로 판단되는 경우'로 수정할 필요가 있습니다. 또는 판단 주체에 대한 내용을 삭제하고, 단순히 '수행할 능력이 없는 경우에'로 수정해도 괜찮습니다.

다음 사례로, 『어느 일방의 재산이 압류 또는 가압류가 되는 경우, 상대방은 본 계약을 해지·해제할 수 있다.』라는 취지로 기재된 계약서들이 있습니다. 그러나 기업법무 현실에서는 당사자 간 오해로 인해 분쟁이 발생하거나 채권회수를 위한 압박용으로 압류 또는 가압류는 빈번하게 발생합니다. 그리고 분쟁이나 채권회수가 원만히 해결되면 해당 압류 또는 가압류를 해제하기도 합니다. 따라서 특정 계약의 이행에 아무런 영향을 미치지 않는 압류·가압류를 계약의 해지·해제 사유로 명시하는 것은 부당할 수 있기에, 그런 조항은 삭제하거나 '압류 또는 가압류로 인해 본 계약을 이행할 수 없는 경우에' 라는 취지로 수정할 필요가 있습니다.

(23) 제3자로 인한 문제 발생 시 책임 및 면책 조항

『상대방으로부터 상표권·디자인권 사용을 허락받는 계약』의 경우, 상대방이 원(original) 권리자로부터 해당 권리 사용을 허락받아서 우리 회사에게 다시 허락하는 상황일 수 있습니다. 또는 상대방이 원(original) 권리자라고 하더라도, 이미 해당 권리와 유사한 제3자의 권리가 존재한다면 추후 제3자가 우리 회사를 상대로 법적 책임을 추궁할 가능성이 있습니다.

마찬가지로, 『상대방이 기본 소프트웨어를 이용하여 새로운 소프트웨어를 개발하는 계약』, 『상대방이 제3자의 토지를 매입하여 그 토지 위에 건축물을 건축하는 계약』 등 제3자와 권리·의무 관계가 얽혀 있을 가능성이 있다면 다음과 같은 취지의 제3자 분쟁 이슈 해결 내용을 반영하는 것이 좋습니다.

e.g. 수행인이 의뢰인에게 공급한 목적물과 관련하여, 제3자가 의뢰인에게 권리 침해를 주장하거나 그에 따른 민형사상의 책임을 추궁하는 경우, 수행인은 수행인의 비용과 책임으로 해당 제3와의 분쟁 상황을 해결해야 하고 의뢰인이 면책되도록 조치해야 한다.

(24) 부제소특약(부제소합의) 유무 확인

분쟁을 정리하기 위해 작성하는 합의서에 『향후 본건과 관련하여 민형사상의 이의를 제기하지 않는다』라는 취지의 문구가 기재되거나, 일반적인 계약서임에도 불구하고 『본 계약과 관련된 분쟁은 당사자간 원만한 협의에 의해서 해결해야 하며, 소송을 제기할 수 없다』라는 취지의 문구가 기재된 경우에, 소송을 제기하면 법원은 이를 각하 또는 기각하게 됩니다.

위와 같이 명확히 부제소특약으로 해석되는 문구 이외에도 『당사자간 분쟁은 원만한 협의에 의해서 해결한다』, 『당사자간 분쟁은 양사가 합의하여 선정한 중재기관의 결정에 따라서 해결해야 한다』고 명시된 경우에도 다른 계약 조문들과의 종합적인 해석 결과, 부제소특약으로 인정될 가능성이 있습니다.

분쟁이 발생하면 소송 대신 원만한 합의로 해결하는 것이 좋지만, 앞으로 어떤 일이 있을지 모르는데 미리 부제소특약을 할 필요는 없기 때문에 부제소특약으로 해석될 만한 내용이 있는지 확인해야 합니다.

참고로, 판례(2017다217151 판결)에 따르면 부제소특약으로 볼 수 있는지 불분명한 경우에는 부제소합의의 존재·효력이 부정되기도 하지만, 그런 합의에 해당하는지 여부에 대한 논란에 휩싸이지 않도록 계약검토 단계에서 당사자 간의 의사를 명확하게 서술하는 것이 적절합니다.

(25) 소송 합의관할 적정성 확인

분쟁이 발생할 경우 어느 법원을 통해 소송을 진행할 것인지 계약서에 명시하지 않아도, 민사소송법 제2조 이하의 재판관할에 따르면 되기 때문에 큰 문제는 없습니다.

그러나 우리 회사는 서울에 있는데 지방에 있는 상대방 회사의 본점 소재지 관할 법원을 정하면, 추후 법무 담당자가 먼 거리에 있는 법원에 수차례 출석하며 시간과 비용을 낭비할 가능성이 있습니다. 법무법인에게 소송을 의뢰하는 경우에는, 변호사가 변론기일마다 먼 거리 출장에 소요되는 시간만큼 다른 업무를 하지 못하므로 그만큼 수임료를 더 지급해야 하고 실비(교통비 및 식비 등)도 지급해야 하는 낭비가 발생할 수 있습니다.

따라서 가능하면, 계약서에 『우리 회사의 본점 소재지 관할 법원을 합의관할 법원으로 명시』하는 것이 유리하며, 합의관할 법원에 대해 상대방과 의견 차이가 있다면 차라리 합의관할 조항을 삭제하고 추후 민사소송법에 따라 결정하는 것이 유리할 수 있습니다.

또한 우리 회사 근처 법원에서 소송을 진행하게 되면, 멀리 있는 상대방이 변론기일마다 시간과 비용을 들여 출석하는 불리함이 있기에, 소송 취하를 위한 협상에도 유리합니다.

추가적으로, 서울에는 서울중앙지방법원, 서울서부지방법원, 서울동부지방법원, 서울북부지방법원이 있는데 그중 서울중앙지방법원에서 가장 많은 사건을 처리하므로 상대적으로 처리 속도가 느린 편입니다. 신속한 업무 처리를 위해서, 서울중앙지방법원을 제외한 나머지 법원 중에서 합의관할을 정하는 것이 좋습니다.

(26) & (27) 지식재산권 관련 용어 및 권리자 확인

'지적재산권'이라는 표현은 과거 일본식 표기이며, 특허청은 이미 1998년부터 '지적재산권'이라는 용어 대신 공식적으로 '지식재산권'이라는 용어를 사용하고 있습니다. 과거 계약서 양식을 재활용하는 경우에 아직도 '지적재산권'이라는 표현이 남아 있는데, 가능하면 '지식재산권'이라는 용어 사용을 권장 드립니다.

『**지식재산권**』은 크게 '산업재산권'과 '저작권', 그리고 기타 IT 관련 권리로 구분됩니다. 『**산업재산권**』은 기업 활동에서 많이 활용되고 있는 '특허권', '실용신안권', '디자인권', '상표권'을 통칭하는 용어입니다. 참고로, 2016년 전에는 상표법에 '상표권'과 '서비스표권' 2가지가 명시되어 있었으나, 2016년 상표법 개정으로 인해 '서비스표권'은 '상표권'이라는 용어로 통일되었습니다.

과거 '의장법'은 일본식 한자 표현이므로 2005년에 '디자인보호법'으로 개명되었습니다. 과거 계약서 양식을 재활용하는 경우에 아직도 '의장권'이라는 표현이 남아 있는데, '디자인권'이라는 용어 사용을 권장 드립니다.

우리 회사가 사용할 소프트웨어를 개발하기 위해 우리 회사가 용역대금을 지불했음에도 불구하고, 완성된 소프트웨어에 대한 지식재산권이 해당 개발사에게 귀속된다고 명시된 계약서가 상당히 많이 존재합니다. 그런 경우에, 개발사는 해당 소프트웨어를 제3자에게 판매하여 추가 이득을 얻을 수 있는 반면, 개발 비용을 투자한 우리 회사는 해당 소프트웨어를 제3자에게 판매할 수 없습니다. 따라서 지식재산권이 우리 회사에게 귀속된다고 수정할 필요가 있습니다.

다만, 용역대금을 감액하는 조건으로, 지식재산권이 개발사에게 귀속된다고 합의할 수도 있으나, 그럴 경우에도 우리 회사는 정당한 범위 내에서 사용권을 갖는다는 취지의 내용은 명시해야 합니다.

마찬가지로, 계약 이행 결과 생성되는 목적물에 특허권, 실용신안권, 디자인권, 상표권 등이 있을 것으로 예상되는 경우에는 위와 같이 지식재산권 귀속 주체를 누구로 정할 것인지 계약검토 단계에서 확정해야 합니다.

(28) & (29) 데이터 사용권 명시 여부 및 귀속 주체 확인

기업·산업 전반에서 제조업이 주류를 이뤘던 과거와 달리, 현대에는 온라인 플랫폼을 운영하거나 인터넷 웹사이트를 통한 전자 거래와 관련된 산업들이 대폭 증가하고 있습니다. 그런 과정에서 기업은 수많은 고객의 정보나 각종 통계에 활용할 수 있는 정보들(이하 '데이터')을 수집하게 됩니다.

기업이 이런 데이터를 활용하여 부수적인 사업을 영위하면 추가 수익을 얻을 수 있기 때문에, 갈수록 이런 데이터의 중요성·가치가 부각되고 있습니다.

그러나 이런 데이터를 수집할 수 있는 기계·시스템을 제3자에게 위탁하여 개발·구축할 경우, 해당 데이터에 대한 권리가 누구에게 있는지 논란의 여지가 있습니다. 또한 이런 데이터를 수집하는 업무를 제3자에게 위탁하여 수행하게 할 경우에도 같은 문제가 발생합니다.

따라서 계약검토 과정에서 추후 특정 데이터가 수집될 가능성이 예측된다면, 데이터에 대한 권리자를 명시할 필요가 있습니다. 부득이 데이터에 대한 권리가 상대방에게 귀속된다고 명시할 수밖에 없다면, 『A(우리 회사)는 불법적인 목적이 아닌 한 해당 데이터를 자유롭게 사용할 수 있다』라는 취지의 데이터 사용권을 명시할 필요가 있습니다.

(30) 계약 내용 해석 기준 적정성 확인

어떤 계약서에는 『본 계약의 용어나 내용 해석에 이견이 있을 때에는, B(상대방 회사)의 해석에 따르기로 한다』라는 취지의 불공평하고 위험한 내용이 명시된 경우가 있습니다.

사업적 거래관계에서 상대방이 월등히 우월한 입장에 있는 경우에 실제로 위와 같은 내용이 반영되기도 하는데, 그런 내용은 『법무 담당자 입장에서, 절대로 그냥 지나쳐서는 안 되는 것』입니다.

무조건 일방의 해석에 따르기로 하는 내용은 무효라는 취지의 판례가 존재하지만, 분쟁이 발생한 후 실제 구체적 소송 결과가 어떻게 될지 장담할 수 없으며, 소송을 하지 않더라도 그런 계약 문구가 존재하는 상황에서 분쟁이 발생하면 우리 회사는 상대방 회사의 주장과 협박에 계속 끌려다닐 수밖에 없는 상황이 벌어질 수 있으므로, 위와 같은 일방적 해석 조항은 반드시 삭제하거나 '양사가 합의하여 선정한 제3자의 해석에 따른다' 또는 '보편적인 상거래 관습에 따른다' 등으로 수정해야 합니다.

(31) 기명날인, 서명날인 확인

계약서 끝 부분에 『본 계약이 유효하게 성립되었음을 증명하기 위해, 계약 당사자의 각 대표자가 기명날인 및 서명날인하기로 한다』라는 취지의 문구가 기재되는 경우가 많습니다.

'기명날인'은 이미 계약서에 당사자명(name)이 인쇄되어 있는 상태에서 당사자가 도장을 날인하는 것을 의미합니다.

'서명날인'은 당사자명(name)이 빈칸으로 되어 있는 상태에서 자필로 당사자명(name)을 기재한 후에 당사자가 도장을 날인하는 것을 의미합니다.

그 의미를 혼동하거나 사소하게 생각하여 그냥 넘어가는 경우가 많지만, 전반적인 계약 내용에 대해 성실히 검토해 놓고 굳이 '옥의 티'처럼 어색한 표현이 남아 있지 않도록, 가능하면 의도에 맞게 수정하기를 권고 드립니다.

(32) 개인 또는 연대보증인의 full 주민등록번호 확인

당사자가 법인인 경우에는 인터넷 대법원 사이트에서 법인등기부 등본을 발급받으면 기본 정보를 알 수 있기에, 계약서에 법인등록번호가 기재되어 있지 않아도 문제가 되지 않습니다.

그러나 계약 상대방이 개인이면 추후 소송이 발생할 경우 당사자 특정을 위해 계약서에 full 주민등록번호를 기재하기도 하지만, '주민등록번호'는 상대방이 수집·이용에 동의를 한다고 해도, 법령 등에서 구체적으로 주민등록번호의 처리를 요구·허용하는 등의 사유가 없다면 수집·이용 등이 제한됩니다. (개인정보보호법 제24조의2 제1항) 따라서 원칙적으로 계약서에 개인의 full 주민번호를 기재하지 않도록 해야 하며, 주민등록번호의 형태를 갖추지 않은 '생년월일' 및 성별 정도만 기재하도록 해야 합니다.

추후 개인사업자에게 소송을 제기할 일이 발생하면, 세무서에 사실조회신청을 하여 주민등록번호 및 주소 등을 특정하면 됩니다. 연대보증인의 경우, 당사자 확인 차원에서 휴대전화로 통화를 한 후 해당 전화번호를 가지고 있으면, 추후 소송 제기 시 통신사에 사실조회신청을 하여 주민등록번호 및 주소 등을 특정할 수 있습니다.

계약 상대방이 프리랜서, 강사, 자문위원 등 사업자등록을 하지 않은 '개인'으로서 회사에 용역을 제공하는 경우에는 소득세법에 따라 원천징수 신고를 해야 하므로, 개인정보보호법 제24조의2 제1항 『법령 등에서 구체적으로 주민등록번호의 처리를 요구하거나 허용

실전 기업법무

한 경우』에 따라 개인정보 수집이 가능하니, 계약 상대방에게 개인

정보보호법의 위 규정을 설명하며 주민등록번호 기재를 요청하는

방법이 있습니다.

`

※ 법무 경력 선배로서 조언 및 부탁

사실… 이상하게 작성되어 있는 계약서 초안을 검토하지 않고 지나가거나 계약검토를 대충 하고 지나가도, 그런 계약 내용으로 인해 실제로 리스크가 발생하는 경우는 많지 않습니다.

그럼에도 불구하고, 위와 같이 '매번 계약검토를 할 때마다, 약 30가지 사항이나 확인하는 고생을 할 필요가 있을까?' 하는 의문이 들 수 있습니다.

'만에 하나'라는 표준어가 있습니다. 회사는 기업법무 담당자가 10,000건 중의 1건에 있을 리스크까지 완벽하게 제거하여 안전한 기업활동을 지원해 주길 바라면서 급여를 지급합니다.

9,999건에서 문제가 생기지 않았다고 해도 1건에서 문제가 발생하여 회사에 손해가 발생하면, 회사는 기업법무 담당자가 수행했던 9,999건에도 여전히 문제가 남아 있지 않을까 하는 의심과 불안감을 가질 수 있습니다.

그러다가 추가적인 문제들이 1~2건 또 발생하면, '저런 기업법무 담당자가 회사에 존재할 필요가 있을까' 하는 의문까지 생길 수 있습니다.

매번 꼼꼼하게 일 처리를 하다가 너무 바쁜 일들이 몰려서 '이번 1건만' 대충 처리하고 넘어갔는데, '하필' 그 1건에서 문제가 발생합니다. 그때서야 "아무리 바쁘고 귀찮아도, 평소처럼 꼼꼼하게 일 처리를 했어야 하는데…"라고 후회해도 이미 때는 늦었고, 불성실함과 비전문성에 대한 비난·의심의 눈길들이 느껴져서 괴로울 수도 있습니다.

많은 회사에서 법무 이슈와 관련하여, 다른 구성원들은 잘 모르고 귀찮아서 대충 넘어가는 경향이 있습니다. 그런 상황에서 법무 담당자마저 잘 모르고 귀찮아서 대충 넘어가면 모든 구성원들에게 피해가 발생할 수 있습니다.

구성원들의 안전과 본인 스스로의 가치를 지키기 위해, 책임감과 사명감을 가지고 법무 업무를 수행해 주시기를 부탁드립니다.

Ⅳ

계약 종류(유형)에 따른 검토

1. 매매계약

(1) 외상 물품 공급계약

의약품, 공산품 등의 제조업을 영위하는 회사가 거래처에 제품을 공급할 때, 담보 없이 또는 최소한의 담보만을 수령한 채 외상거래를 하는 경우가 많습니다. 그러다가 갑자기 거래처에 부도 등의 문제가 발생하면, 외상 대금을 회수하기 곤란한 상황이 발생할 수 있습니다.

그런 상황이 발생했을 때, 정식 법적 조치에 착수하기 전에 신속하게 거래처 사무실 또는 거래처가 위탁 관리하는 창고 등을 방문하면 우리 회사가 공급했던 제품들이 아직 남아 있는 것을 발견할 수도 있습니다. 그러나 우리 회사가 공급한 제품이라고 하여, 외상 대금 대신 해당 제품을 함부로 가져가면 타인에게 소유권이 있는 물건을 절취한 것이므로 절도죄의 문제가 발생할 수 있습니다.

이럴 경우를 대비하여, 계약서에 『A(우리 회사)가 납품한 제품에 대해, B(거래처)가 대금 전액을 변제하기 전까지는 해당 제품의 소유권은 A에게 있다.』라는 취지의 소유권 유보조항을 명시해 두어야 합니다.

(2) 상가, 공장 매입계약

주택이나 토지만을 매매할 때는 부가가치세가 면제되지만, 일반 개인이 아닌 사업자등록을 한 사람(법인 포함)으로부터 상가나 공장 건물을 매입할 때는 부가가치세법상 해당 거래에 대한 부가가치세를 납부해야 합니다. 따라서 건물(상가, 공장)과 토지를 동시에 매매하는 경우에, 총 매매대금에서 건물대금과 토지대금을 구분하여 표시하고, 건물대금에는 부가가치세 포함 여부를 명시해야 추후 예상 못한 부가가치세 논란을 피할 수 있고 세금계산서 발행 업무에 지장을 초래하지 않을 수 있습니다.

* 대형 부동산을 매매할 때는 전문 부동산중개법인 및 세무사 등의 자문을 받는 것이 일반적이므로 법무 담당자가 이런 부분까지 챙기지 않아도 되지만, 소형 부동산을 매매하거나 공인중개사조차도 법률을 제대로 모르고 있는 경우가 있기에 법무 담당자가 이런 기본적인 사항을 인지하고 계약서에 반영할 필요가 있습니다.

(3) 토지 매입계약

회사가 임직원을 위한 연수원이나 기숙사 등의 건축물을 짓기 위해 토지를 매입하는 경우가 있습니다. 그런데 공장이나 폐기물처리 시설이 있었던 토지를 매수한 후, 건물 신축을 위해 굴착하는 과정에서 폐기물이나 폐기름(oil), 앵커(건물을 지탱하기 위해 땅속 깊숙이 박아 놓은 쇠말뚝, H빔 같은 것)가 발견되어 생각 못 했던 처리 비용이 지출되는 경우가 있습니다. 그럴 경우를 대비하여, '토지 내에서 폐기물, 폐기름, 기타 건축에 방해되는 장애물이 발견되는 경우, 매도인이 해당 장애물 제거에 소요되는 비용을 부담한다'는 취지의 내용을 반영할 필요가 있습니다. 마찬가지로, 해당 토지의 특성상 매매 당시에 확인하기 어려우나 추후 굴착 과정에서 발견될 것으로 예상되는 것들이 무엇일지 검토해 본 후 처리 방안을 계약서에 명시할 필요가 있습니다.

더 나아가, 토지 매입 후 곧 건물을 신축할 계획이 있다면, 계약서에 '토지 매매대금 중 ○○%에 해당하는 금액은 토지 기반 공사가 끝나는 202○년 ○월에 지급한다'라는 취지를 명시하여, 추후 보상금을 회수해야 하는 번거로움을 방지할 필요가 있습니다.

(4) 임차인이 존재하는 건물 매입계약

주택임대차보호법(제3조4항) 및 상가건물임대차보호법(제3조2항)에 따라, 건물 소유자가 변경되면 기존 임대차계약은 새로운 소유자에게 승계되므로 새로운 소유자는 기존 임차인이 퇴거할 때 임대차 보증금을 반환해줘야 하는데, 기존 소유자를 통해 알고 있는 임대차 보증금과 실제 임대차 보증금이 다르다면 손해를 입을 염려가 있기 때문에 직접 임차인을 만나 사실관계(임대료, 관리비, 전기세, 수도세, 주차비 등)를 정확히 확인해야만 합니다.

기존 소유자로부터 임대차계약 사본을 전달받음으로써 사실관계를 확인할 수는 있으나, 기존 소유자로부터 전달받은 임대차계약 사본 내용과 다른 내용의 갱신 계약서 또는 별도의 합의서가 존재할 가능성이 있기 때문입니다.

따라서 기존 건물 소유자에게 양해를 구하고, 각 임차인들을 직접 방문하여 아래와 같은 양식에 서명 또는 날인을 받아 두어야 합니다.

【사실관계 확인서】

현재 임대인과의 임대차계약의 주요 내용은 다음과 같음.

- 임차기간:　　　년　월　일 ~　　　년　월　일

- 임차보증금: ○○○○원

- 월임대료 및 관리비(vat 포함): ○○○○원

- 전기세/수도세/주차비 부담 방식(부담 주체 등 기재): ＿＿＿

(5) 진정한 소유자 여부가 의심스러운 부동산 매입계약

외국에서는 관할청에 부동산 권리변동 신고가 있을 때 공무원들이 직접 조사를 하거나 공증인 등을 통해 확인한 후에 등기를 하기도 하여 부동산 등기에 공신력을 인정하기도 하지만, 우리나라는 등기소에 접수된 서류 위주로 검토 후 등기를 하므로 부동산 등기의 공신력을 인정하지 않고 있습니다. (2006다72802 판결, 2007다82875 판결 등)

즉, 등기를 믿고 부동산 거래를 했더라도 등기의 내용과 다른 진정한 권리자가 나타나면 그 권리자의 권리를 인정해 준다는 것입니다.

예를 들면, 건물 소유자(A)가 해외 장기 체류를 하게 되어 관리인 (B)에게 임대차 관련 업무를 위탁하면서 관련 서류와 도장 등을 맡겼는데, B가 서류를 위조하여 등기소에 제출함으로써 건물의 소유권이 B에게 이전된 것으로 등기가 이루어졌는데, C가 등기 내용을 믿고 B로부터 건물을 매입한 후에 A가 나타나 권리를 주장할 경우 C는 소유권을 박탈당할 수 있습니다.

부동산을 매입할 때 이런 불상사를 방지하기 위해, 최종 소유자가 직전 소유자로부터 소유권을 이전 받고 짧은 기간 내에 해당 부동산을 매도하는 경우 진정 소유자 유무에 대해 의심을 해봐야 하고, 최종 소유자에게 양해를 구하고 직전 소유자로부터 소유권 이전이 사실이라는 확인을 받을 필요가 있습니다. 그런 과정에서 최종 소유자가 의심을 받아서 기분 나쁘다는 이유로 확인을 거절하거나 직전 소유자와 연락이 두절되었다는 등의 이유로 직전 소유자를 만날 수 없다면, 해당 거래를 계속할 것인지 다시 한번 생각해 볼 필요가 있습니다.

* 부동산 등기의 공신력은 인정되지 않지만, 민법 제249조(선의취득)에 따라 동산의 점유에는 공신력이 인정됩니다. 즉, 동산의 실제 소유자가 아닌 자로부터 속아서 해당 동산을 양수한 경우에, 실제 소유자가 나타나더라도 동산에 대한 양수인의 권리를 인정해 줍니다.

2. 위임계약

(1) 법무법인과 체결하는 소송 위임계약

소송 위임계약을 체결할 때 보통은 법무법인에서 마련한 표준양식을 사용하기 때문에, 성공보수의 기준과 심급별로 지급해야 한다는 점에 대해 특별한 검토 없이 체결하는 경우가 많습니다.

보통은 '소가'를 기준으로 승소 비율을 산정하여 성공보수를 지급하지만, 청구 채권의 목적물이 금전과 금전 이외의 것인 경우(e.g. 명예훼손 소송에서 위자료 청구와 정정보도 청구)에는 미리 구체적인 성공보수 기준을 명시해야 합니다. 그렇지 않고 판결 선고가 있은 후에 성공보수 기준을 조정하려면, 법무 담당자가 회사에 별도로 보고 후 승인을 받아야 하기 때문에 곤란한 상황에 처하게 될 수도 있습니다.

또한 특정 법무법인과 1심 소송 위임계약을 체결할 때, 다음의 특약을 명시하면 추후 법무법인과 심급별 착수금, 성공보수를 다시 협의해야 하는 번거로움을 줄일 수 있습니다.

e.g. 1심 판결 선고 이후에, A(우리 회사)가 B(법무법인)에게 2심과 3심을 위임하는 경우, 성공보수는 마지막 심급의 판결 선고 이후 1회만 지급한다. 2심을 의뢰하는 경우 착수금은 ○○○○원으로 하고, 3심을 의뢰하는 경우 착수금은 ○○○○원으로 한다.

(2) 변리사사무소와 체결하는 출원등록 위임계약

변리사사무소와 특허, 상표 등의 출원 및 등록에 관한 위임계약을 체결할 때, 보통 '출원(출원명세서 작성 및 제출) 시 ○○○○원을 지급하고, 등록이 되면 ○○○○원을 지급한다'는 취지로 체결합니다.

그런데 출원을 진행하는 과정에서 특허청이 등록거절 이유를 발견하면, 해당 사유에 대해 의견서를 제출해야 합니다. 이때 의견서 작성 및 제출에 대해 추가 비용을 요구하는 변리사사무소가 있습니다. 따라서 처음에 위임 계약을 체결할 때, '출원명세서를 수정/보완해야 하거나, 특허청의 요구에 따라 의견서를 작성/제출해야 하는 경우에 별도 비용은 발생하지 않는다'는 취지의 내용을 반영할 필요가 있습니다.

(3) 기타 컨설팅 위임계약

회사 업무 절차, 신사업, 임직원 교육 등에 대해 외부 자문기관에 컨설팅을 의뢰하는 경우에, 보통은 컨설팅 업체가 계약서 초안을 제공합니다.

그런 계약서 초안에는 '실비'라는 명목으로, 컨설팅 업체 직원의 출장비나 부자재 및 소모품 구입 비용을 우리 회사가 부담하는 것으로 명시되어 있는 경우가 많습니다.

꼭 필요한 출장 및 부자재·소모품 구입은 별 문제가 없겠지만, 컨설팅 업체가 과도하고 불필요한 출장과 부자재·소모품 구입으로 이미 상당한 비용을 지출한 후에 해당 비용을 우리 회사에 청구한다면 곤란한 상황이 발생할 수 있습니다.

따라서 컨설팅 계약에는 다음과 같은 내용을 명시하는 것이 적절합니다.

> e.g. 컨설팅 업체 직원이 본 계약상의 업무를 수행하기 위해 출장을 가거나 부자재·소모품을 구입할 때 지출한 비용은 A(우리 회사)가 부담한다. 단, 1회 출장비가 ○○○○원을 초과하거나 부자

재·소모품 1개 품목의 총액이 ○○○○원을 초과하는 경우, 컨설팅 업체가 사전에 A로부터 서면 동의를 받은 사항에 대해서만 A가 비용을 부담한다.

3. 도급계약

(1) 기본 확인 사항(앞에서 이미 언급했으나 재차 강조함)

도급계약서의 경우에는 완성되어야 하는 목적물의 구체적인 형태와 기능이 명시된 사양서·수행계획서 등이 첨부되었는지 확인할 필요가 있습니다.

건물 건축 계약서에는 구체적인 설계도와 시방서가 첨부되어야 하는 것을 당연하게 생각하면서, 웹사이트 구축 계약, 광고 게재 계약, 소프트웨어 개발 계약 등의 도급계약서에는 완성해야 하는 목적물에 대해 대략적으로만 서술한 채 구체적인 형태와 기능이 명시된 사양서·수행계획서 등이 누락되었음에도 불구하고 해당 계약서에 대해 결재(승인)하는 법무 담당자들이 있습니다.

그럴 경우, 추후 목적물이 제대로 완성된 것인지 여부에 대한 분쟁이 발생할 수 있고, 소송이 제기되면 기본적은 소송 비용 이외에도 감정인 선임을 위한 추가적인 비용까지도 지출해야 할 리스크가 있습니다. 정식 사양서·수행계획서 등을 첨부하기 어렵다면, 수급 업체가 영업 활동을 위해 작성한 제안서·안내서 등의 홍보물이라도 계약서에 첨부하고 해당 홍보물까지 간인을 날인하도록 해야 합니다.

(2) 휴일·야간 인테리어 공사계약

우리 회사 이외에 여러 회사가 입주하고 있는 건물에서 우리 회사 사무실의 인테리어 공사를 진행하는 경우에, 낮에 공사를 하는 부분도 있지만 소음이 크게 발생하는 공정은 주변 사무실의 민원을 고려하여 야간(또는 휴일)에 진행할 수밖에 없는 상황이 발생합니다.

야간(또는 휴일)에 공사를 하게 되면, 공사 업체는 직원들 또는 하청 업체 노무자들에게 평소보다 높은 인건비를 지급해야 하기 때문에 공사 비용이 증가하게 됩니다.

이런 점을 계약서에 명확히 기재하지 않으면, 공사 업체가 평일 주간에 진행할 수 있는 공정도 야간(또는 휴일)에 진행하여 우리 회사에 과도한 공사 비용을 청구할 리스크가 존재합니다.

* 도급 계약에서 '수급인이 주간에 일을 했는지 휴일·야간에 일을 했는지'는 도

급인과 상관없는 것임에도 불구하고, 공사 업체는 계약 체결 시 휴일·야간 작업에 대한 추가 비용을 설명했다는 이유로 계약서에 명시되지 않은 별도의 비용을 요구하기도 합니다.

따라서 계약서에 다음과 같이 <u>휴일·야간 공사비에 대한 사항을 명시</u>할 필요가 있습니다.

e.g.

① 본 계약의 대금 총액은 확정된 금액이며, B(공사 업체)는 휴일·야간에 공사를 했다는 이유로 A(우리 회사)에게 추가 비용을 청구할 수 없다.

② 소음 민원 등의 사유로 B(공사 업체)가 휴일·야간에 공사를 해야 하는 경우에는 즉시 A(우리 회사)에게 통지해야 하고, A의 서면 동의를 받고 휴일·야간에 공사를 한 경우에 한하여 B는 별첨 단가에 따른 휴일·야간 추가 비용을 A에게 청구할 수 있다.

(3) 재료의 품질·성능

도급계약에서는 수급인이 전문적인 판단하에 수많은 재료를 이용하여 목적물을 완성하므로, 도급인이 각 재료의 품질·성능을 이해하고 지정하기는 쉽지 않습니다. 수급인이 <u>외형은 멀쩡하지만 품질·성능이 좋지 않은 재료를 사용할 리스크</u>가 있기에, 다음과 같은 내용을 계약서에 반영하는 것이 좋습니다.

> e.g. 본 공사에 소요되는 기자재와 관련하여, 시방서에 특별히 명시하지 않는 부분에 대하여는 KS 규격품을 사용해야 하며, 해당 기자재가 KS 인증제도의 대상이 아닌 경우에는 시중 최상품을 사용하되 중고가 아닌 신품을 사용해야 한다.

(4) 수급인 소속 근로자의 안전사고 문제

도급인(우리 회사)의 관리범위를 벗어난 장소에서 수급인이 업무를 수행하는 경우에는, 수급인 소속 근로자의 안전사고에 대해 도급인이 책임을 져야 할 가능성이 거의 없습니다. 그러나 <u>도급인의 사업장 내</u>(사무실, 공장건물 리모델링 등) 또는 <u>도급인의 사업장 인근</u>(건물 외벽 청소, 공장 화단 나무 가지치기 등)에서 발생하는 <u>수급인 소속 근로자의 안전사고</u>에 대해서는 <u>도급인도 일부 책임을 부담해</u>

야 할 가능성이 높아지기 때문에, 계약서에 도급인의 면책사항을 반영해 두어야 합니다.

물론, 그렇게 계약서에 명시해도 산업안전보건법 및 중대재해처벌법에 따라 면책되지 못하는 부분도 있으나, 법령 이외의 사항에 대한 분쟁을 최소화하기 위해 계약서에는 면책 사항을 명시해 두는 것이 적절합니다.

e.g.

① 수급인은 본 계약상의 업무 수행 중 산업안전 관련 법령 및 수급인이 정한 안전수칙 등을 준수해야 하며, 수급인의 종업원들에게 충분한 안정장비를 갖추도록 해야 한다.

② 수급인이 위 1항을 준수하지 않을 경우, 도급인은 위 1항이 준수될 때까지 본 계약상의 업무 수행을 중단시킬 수 있으며, 이로 인해 본 계약상의 업무 수행기간이 연장되어 지체상금이 발생하거나 도급인에게 손해가 발생하는 경우 모두 수급인이 책임을 진다.

③ 본 계약상의 업무 수행 중 발생하는 수급인의 종업원들의 재해나 상해에 대해, 도급인은 치료비나 기타 명목의 손해배상 책임을 부담하지 않는다.

(5) 소프트웨어 개발계약(우리 회사가 의뢰인인 경우)

우리 회사가 사용할 소프트웨어(또는 웹사이트 구축 등 포함)를 개발하기 위해 우리 회사가 용역대금을 지불했음에도 불구하고, 완성된 소프트웨어에 대한 지식재산권이 해당 개발사에게 귀속된다고 명시된 계약서가 상당히 많이 존재합니다. 그런 경우에, 개발사는 해당 소프트웨어를 제3자에게 판매하여 추가 이득을 얻을 수 있는 반면, 개발 비용을 투자한 우리 회사는 해당 소프트웨어를 제3자에게 판매할 수 없습니다. 따라서 지식재산권이 우리 회사에게 귀속된다고 수정할 필요가 있습니다.

다만, 용역대금을 감액하는 조건으로, 지식재산권이 개발사에게 귀속된다고 합의할 수도 있으나, 그럴 경우에도 우리 회사는 정당한 범위 내에서 사용권을 갖는다는 취지의 내용은 명시해야 합니다.

마찬가지로, 계약 이행 결과 생성되는 목적물에 특허권, 실용신안권, 디자인권, 상표권 등이 있을 것으로 예상되는 경우에는 위와 같이 지식재산권 귀속 주체를 누구로 정할 것인지 계약검토 단계에서 확정해야 합니다.

⑹ 소프트웨어 개발계약(우리 회사가 개발사인 경우)

상대방을 위해 소프트웨어(또는 웹사이트 구축 등 포함)를 개발해 주는 경우에, 보통은 소프트웨어를 개발 완료하고 해당 소프트웨어가 제대로 작동된다는 검수 완료 후에 상대방으로부터 잔금을 수령할 수 있습니다.

이럴 경우, 이미 인력 및 시간 등을 투여하여 개발한 우리 회사는 잔금을 수령할 수 있는지 불확실한 리스크 상태에 놓이게 되므로, 계약서에 『A(상대방)가 완성된 목적물에 대한 대금 지급을 완료하기 전까지, 완성된 목적물에 대한 지식재산권은 B(우리 회사)에게 있다』라고 명시하여, 잔금을 완납하지 않으면 상대방이 소프트웨어(또는 구축된 웹사이트 등 포함)를 임의로 사용하지 못하도록 할 필요가 있습니다.

* 지식재산권(특허권, 저작권 등)을 침해하는 경우에는 민사상 손해배상 책임 뿐만 아니라 특허법, 저작권법 등에 따라 형사처벌을 받을 수도 있기 때문에, 위와 같은 문구가 있다면 상대방이 잔금을 미지급하는 경우에 잔금을 지급하도록 압박하기에 유리합니다.

4. 임대차계약

(1) 우리 회사가 임대인인 경우(앞에서 이미 언급했으나 재차 강조함)

* 임대차계약서상의 부동산 표시와 부동산 등기부등본상의 부동산 표시가 일치하는지 확인해야 하는 것은 기본입니다.

임차인의 고의·과실로 화재나 폭발이 발생할 경우, 임대인은 임대차보증금만으로는 회복하기 어려운 경제적 손실을 입을 수 있습니다. 따라서 『임차인은 임대인을 피보험자로 하여 보장금액이 ○○○만 원 이상인 화재보험에 가입하고, 본 계약 체결 후 ○일 내에 해당 보험증권을 임대인에게 제출해야 한다.』라는 취지의 내용을 계약서에 반영할 필요가 있습니다.

그리고 임대차계약서에 임차인 퇴거 후 남아 있는 물건들에 대한 처리방안을 명시할 필요가 있습니다.

임대료 미납 등의 분쟁관계에 있던 임차인이 임대목적물 내에 일부 물건을 방치한 채 연락이 두절되면, 임대인은 임차인이 완전히 퇴거했고 폐기물을 버리고 간 것이라고 생각하여 임대목적물 내부로 들어가서 잔여 물건들을 폐기합니다. 그런데 그 후 임차인이 나타나서 주거침입죄와 재물손괴죄의 형사상 이슈를 제기하고 소유물 폐기에 대한 손해배상 이슈를 제기하면 곤란한 일이 발생할 수 있습니다.

따라서 임대차계약서에는 『임대차계약 종료 후 임대차목적물 내에 존재하는 물건은 임차인이 소유권을 포기한 것으로 간주하여, 임대인이 해당 물건을 폐기할 수 있으며 임차인은 임대인에게 폐기비용을 지급해야 한다.』라는 취지의 내용을 명시할 필요가 있습니다.

(2) 우리 회사가 임차인인 경우

* 임대차계약서상의 부동산 표시와 부동산 등기부등본상의 부동산 표시가 일치하는지 확인해야 하는 것은 기본입니다.
* 추후 임대차보증금 회수를 위한 방안(전세권 설정, 근저당권 설정, 상가임대차법 제4조 대항력 확보, 임대인 명의 보증금 은행계좌에 질권 설정 등) 확인은 필수입니다.

우리 회사가 임차인인 경우, 임대인이 일방적으로 작성한 계약서에 비현실적이거나 불공정한 내용이 있는지 확인해야 합니다.

『주말이나 야간 출입을 금지』하거나『주말이나 야간 근무 시, 추가 관리비를 징수』하는 규정이 있는 계약서가 있습니다. 또는『화재 위험이 있는 액체 연료 난방기 반입을 금지할 뿐만 아니라, 전기를 사용하는 이동식 냉난방 기구까지 반입을 금지』하거나『버너나 가스레인지를 이용한 음식 조리뿐만 아니라, 전자레인지를 이용한 음식 조리까지 금지』하는 규정이 있는 계약서도 있습니다.

안전도 중요하지만 기본적인 편의 사항까지 금지하는 내용을 그대로 두면, 추후 우리 회사의 구성원들로부터 원망을 받을 일이 생길 수도 있기에, 기본적인 편의 사항을 제한하는 내용은 삭제하거나 완화하도록 임대인과 협의할 필요가 있습니다.

또한 단순히『임차인은 관리규정을 준수해야 한다』라는 취지가 명시된 계약서들이 많은데, 집합건물법이 적용되는 건물(부동산 등기 부등본에 '집합건물'이라고 표시됨)이라면『임차인은 집합건물법이 정한 절차에 따라 제정·개정된 관리규정을 준수해야 한다』로 수정해야 추후 임대인이 일방적으로 작성한 불합리한 관리규정에 구속되는 곤란함을 방지할 수 있습니다.

집합건물법이 적용되지 않는 일반 건물이라면 『임차인은 전체 임차인 50% 이상의 동의를 얻어 제정·개정된 관리규정을 준수해야 한다』의 취지로 수정하는 것이 적절합니다.

(3) 우리 회사의 임직원을 위해 주택을 임차하는 경우

전출, 파견 등의 사유로 회사가 임직원의 주거지(주택)를 임차하는 경우가 있습니다. 해당 임직원(사람)을 임차인으로 하여 임대인과 임대차계약을 체결한다면 주택임대차보호법상의 대항력을 확보하는데 어려움이 없지만, 회사가 대신 납부한 보증금 관리 및 회계처리 정책 등의 이유로 인해 부득이 회사(법인)를 임차인으로 하여 임대인과 임대차계약을 체결해야 하는 경우에는 추후 임대차보증금을 안전하게 회수할 수 있도록 다음 사항을 확인해야 합니다.

> ☞ 우리 회사가 중소기업법상의 '중소기업'이라면 주택임대차보호법 제3조3항에 따라 해당 임직원이 전입신고를 하고 계약서에 확정일자를 받으면 대항력을 확보할 수 있습니다.

☞ 우리 회사가 중소기업법상의 '중소기업'이 아니라면, 주택임대차보호법 제3조3항이 적용되지 않기 때문에 반드시 임대인과 협의하여 전세권 설정이나 근저당권 설정 등의 보증금 회수 방안을 마련해야 하며, 전세권 설정이나 근저당권 설정에 대해 임대인이 거절한다면 해당 주택에 대해 반드시 임대차계약을 체결할 필요가 있는지 다시 한번 생각해 볼 필요가 있습니다.

5. 약관으로 평가되는 우리 회사의 표준계약

【약관법】

제2조1호. "약관"이란 그 명칭이나 형태 또는 범위에 상관없이 계약의 한쪽 당사자가 여러 명의 상대방과 계약을 체결하기 위하여 일정한 형식으로 미리 마련한 계약의 내용을 말한다.

제3조2항. 사업자는 계약을 체결할 때에는 고객에게 약관의 내용을 계약의 종류에 따라 일반적으로 예상되는 방법으로 분명하게 밝히고, 고객이 요구할 경우 그 약관의 사본을 고객에게 내주어 고객이 약관의 내용을 알 수 있게 하여야 한다.

제3조3항. 사업자는 약관에 정하여져 있는 중요한 내용을 고객이 이해할 수 있도록 설명하여야 한다.

제3조4항. 사업자가 **제2항 및 제3항을 위반**하여 계약을 체결한 경우에는 **해당 약관을 계약의 내용으로 주장할 수 없다.**

사업 분야나 사업 규모의 특성상, 주로 우리 회사가 미리 작성해 놓은 '우리 회사의 표준계약' 양식을 이용하여 여러 거래처(계약 상대방들)과 계약을 체결하고 있다면, 해당 계약서는 '약관'으로 평가될 가능성이 높습니다.

따라서 계약서에 우리 회사가 중요하게 여기는 계약 조건들(납기, 최소 발주량, 위약금 등)을 자세히 서술해 두었어도, 추후 계약 상대방이 해당 계약 조건들에 대해 설명을 들은 적이 없고 알지 못하는 내용이라고 주장할 경우, 우리 회사가 중요 계약 조건들에 대해 제대로 설명했다는 것을 증명하지 못하면 해당 계약 조건들의 효력이 부정될 리스크가 있습니다.

그런 리스크 방지를 위해, 계약서의 중요 조항을 '굵은 글씨체'로 표시하며 '색'을 칠하고 다음과 같은 자필 확인란을 반영할 필요가 있습니다.

실전 기업법무

제N조. 발주 시기 및 방법은 당사자 간 별도 협의하여 정한다.

제6조. 이유를 분물하고 공급사가 납기를 위반한 경우, 공급사는 지연된 일수에 연 20%를 곱하여 산정된 지체보상금을 발주사에게 지급해야 한다.

제N조. 본 계약과 관련하여 분쟁이 발생하는 경우 서울서부지방법원을 재판관할로 한다.

2023.07.04.

* 아래 문장을 직접 따라 적어 주세요.

본 계약 6조에 대해 자세히 설명 들었고, 동의함

(공급사 대리인 _____ 서명)

* 참고: 한 건물 안에 여러 임차인이 입주하고 있는 경우에, 보통은 동일·유사한 양식의 계약서를 사용하므로 역시 약관으로 평가되는 경우가 많습니다.

6. 광고 대행 계약

* 광고대행업은 '광고매체 운영사'와 '광고주' 사이를 연결해 주는 역할을 하는 업종으로서, 사실상 무자본 창업이 가능하고 진입장벽이 낮기 때문에, 소규모 광고대행업체 및 1인 광고대행업체가 상당히 많은 편입니다. 대부분 영세한 회사이고, 상대적으로 쉽게 망하기도 한다는 점을 염두에 두고 계약검토를 해야 합니다.

(1) 우리 회사가 광고를 의뢰하는 경우

외부 광고매체(온라인포털사이트, 옥외광고판, 유튜브채널 등)에 우리 회사의 제품·서비스에 대한 광고를 게재하기 위해, 광고대행업체에게 광고를 의뢰하고 대금을 지급하는 계약을 체결하는 경우가 있습니다.

광고대행업체가 광고매체 운영사의 광고매체에 광고를 게재할 수 있는 확실한 권한을 가지고 있는지 확인하기가 쉽지 않기 때문에, 계약서에 광고대금을 먼저 지급하는 내용이 있다면 수정이 필요하며, 실제로 광고가 게재되었다는 점이 확인된 후에 광고대금을 지급하는 내용으로 계약을 체결할 필요가 있습니다.

반드시 우리 회사가 광고대금을 먼저 지급해야 한다고 요구하는 광고대행업체가 있다면, 꼭 해당 업체와 광고 대행계약을 체결해야 하

는지 다시 한번 생각해 볼 필요가 있습니다. <u>인터넷에 '광고대행업'</u>
<u>을 검색해 보면 약 3천 개의 업체를 확인할 수 있는데, 광고대금을</u>
<u>떼일 리스크를 감수하면서 선불을 요구하는 업체와 계약을 체결할</u>
<u>필요는 없습니다.</u> (* 광고대금 선불을 고집하는 광고대행업체라면,
사업부 담당자에게 광고대행업체 변경을 권고하는 것이 좋습니다.)

그리고 단순히 '특정 광고 매체에 우리 회사가 의뢰하는 광고를 게재한다'는 정도의 내용만 서술되어 있는 광고대행 계약서들이 많은데, 광고비만 낭비하고 효과 없는 광고가 되지 않도록 구체적인 광고 게재 방식을 명시할 필요가 있습니다. 특히 전광판 광고라면, 다음과 같이 구체적인 내용을 명시할 필요가 있습니다.

> e.g. A(우리 회사)의 광고가 전광판 영상에 하루 ○회 이상 노출되어야 하고, 1회 노출시간은 ○초 이상이어야 한다. 또한 광고대행업체는 매월 해당 횟수 및 노출 시간에 대해 확인할 수 있는 보고서를 광고주(우리 회사)에게 제출해야 한다.

광고대금만큼 광고 효과(경제적 가치)가 있는지 평가하기 쉽지 않기 때문에, 광고비 지출 관련 계약은 '돈 세탁'에 활용되기도 합니다. 회사의 사업부 담당자 또는 경영진의 지인이 소규모 광고대행업체를 설립하고, 해당 업체에게 별로 '광고 효과 없는 광고' 게재를 의뢰하면서 '수백~수천만 원의 광고대금 지급' 계약을 체결하려는 경우가 있습니다. 그럴 경우, 해당 광고 계약 검토를 의뢰한 담당자에게

"보통의 거래보다 현저하게 높은 비용을 지급하는 경우에는 공정거래법 제415조1항9호(부당지원행위)에 해당되어, 회사에 과징금이 부과될 수 있으니, 광고대행업체에게 본 계약의 광고대금이 일반적인 수준임을 증명할 수 있는 자료를 제출해 달라"고 요청할 필요가 있으며, 해당 자료를 제공받지 못했다면 전자기안·종이기안에 『광고대금의 적정성에 대해 요구했으나, ○○○○의 사유로 제공받지 못했음』이라는 취지의 첨언을 기재하여 법무 담당자가 부당함이 의심되는 행위에 동조·협조한 것은 아니라는 점을 남겨 둘 필요가 있습니다.

(2) 우리 회사의 광고매체에 제3자의 광고를 게재해 주는 경우

광고대행업체가 우리 회사의 광고매체(웹사이트, 어플리케이션 등)에 제3자(광고주)의 광고를 게재하도록 해주면, 광고 게재 후에 광고주로부터 광고대금을 수령하여 우리 회사에 지급하겠다는 제안하는 경우가 있습니다.

광고계약은 물품·용역 공급계약에 비해 직접적인 원재료·인건비 부담이 덜한 편이므로, 부득이한 경우라면 광고를 먼저 게재해 주고 광고대금을 나중에 받는 방식의 협상도 가능합니다. 그러나 예상했던 광고대금이 제대로 회수되지 않는 리스크 방지를 위해, '광고대금은 후불로 하되, 계약 체결 직후 광고대행업체는 담보(보증보험증권, 근저당, 예금질권 등)를 제공해야 한다'는 취지의 내용을 계약서에 반영할 필요가 있습니다.

다만, 직원 1~2명으로 구성된 영세 광고대행업체(법인)는 충분한 담보를 제공할 여력이 없는 경우가 많은데, 그럴 경우에는 다음과 같이 광고대행업체의 대표이사(또는 사내이사 등)가 연대보증을 하도록 할 필요가 있습니다.

제17조 본 계약 문구에 대한 해석상 이견이 있을 경우, 법률에 따라 해석하기로 한다.

제18조 본 계약과 관련된 소송의 1심 관할법원은 서울서부지방법원으로 한다.

이상으로, 본 계약이 유효 성립되었음을 증명하기 위하여 당사자가 기명 날인한다.

2023.07.04.

A(우리 회사 상호)　　대표이사 ○ ○ ○　(인)

B(광고대행업체 상호)　대표이사 ○ ○ ○　(인)

B의 연대보증인(개인)　○ ○ ○　(인)

(* 개인인감 날인 후, 개인인감증명서 첨부 *必*)

* 법인등기부등본에 등기된 임원이 아닌 일반 직원이 연대보증을 하는 경우에는, 추후 회사(광고대행업체)의 강요에 의해 억지로

인감날인을 했다고 주장하는 분쟁이 발생할 수 있으니, 가능하면 연대보증은 법인등기부등본에 등기된 임원이 하도록 해야 합니다.

7. 호의(好意) 연대보증 계약(≒ 일반 상거래 계약서에 연대보증 서명 또는 날인)

우리 회사의 거래처에 대해, 『경제적 이해관계 없이, 친분·동정 등의 이유로 연대보증을 하는 사람』이 연대보증을 하는 경우에는 '보증인보호법'에서 정한 기준을 고려하여, ① 보증하는 금액의 최대금액을 명시해야 하고, ② 보증하는 기간도 명시해야 합니다.

위 ①을 위반하면 연대보증 자체가 무효로 될 수 있고, 위 ②를 위반하면 보증기간은 3년으로 한정되기 때문입니다.

* 거래처의 대표자, 임원, 동업자, 주주 등 거래처와 경제적 이해관계 있는 사람이 연대보증을 하는 경우에는 보증인보호법이 적용되지 않습니다.

8. 파견계약

우리 회사의 정식 직원을 채용하는 경우에는 국민연금법·국민건강보험법·고용보험법·산업재해보상보험법에 따라 4대보험 신고를 해야 하므로 납부 보험료가 증가하며, 해당 직원의 성과·태도가 마음에 들지 않아도 인력 교체(≒ 근로계약 해지)를 하기 쉽지 않습니다.

그런데 파견계약을 체결하면, 다른 회사(파견업체)에 소속된 사람을 우리 회사 직원 대하듯 회사가 지휘·명령하면서, 4대보험 신고 및 인력 교체 문제에서 자유로울 수 있고, 전문 인력 단기 투입이 용이하며, 정식 직원 채용 과정의 번거로움도 감소되기 때문에 파견계약을 체결하는 경우가 있는데, 이때 파견법 준수 여부를 정확히 확인해야 합니다.

【파견법】

제5조. 제조업의 직접생산공정업무, 건설공사현장 업무, 선원 업무, 유해 금속 취급 업무, 분진작업 업무, 간호조무사 업무, 버스/택시/화물 운전기사 업무 등에 대해서는 파견사업이 금지됨.

제6조. 파견기간은 1년 초과할 수 없으나, 파견근로자의 합의하에 추가 1년 연장 가능함.(최대 2년 초과 금지)

제7조. 파견업체는 파견사업에 대해 고용노동부장관의 허가를 받아야 하며, 허가 받지 않은 업체로부터 근로자를 파견 받을 수 없음.

_____

제6조의2. 위 사항들을 위반하여 파견업체로부터 근로자를 파견 받은 경우, **해당 근로자를 직접 고용**해야 함.

제43조. 위 사항들을 위반하여 파견업체로부터 근로자를 파견 받은 경우, **3년 이하의 징역 또는 3천만원 이하의 벌금**에 처함.

* 위 제5조 내용은 법률 조문 내용의 일부를 발췌한 것이므로, 구체적인 파견계약을 검토할 때 반드시 파견법 제5조를 직접 확인하여, 파견법상 금지된 파견사업인지 체크하시기 바랍니다.

많은 회사에서 인사 업무(human resources affairs)와 관련된 계약(근로계약, 임원 위촉계약, 연봉계약 등)은 비밀 사항으로 취급하여, 법무팀에 계약검토를 의뢰하지 않는 경향이 있습니다. 심지어 파견계약조차도 인사 업무라고 생각하여, 파견법도 확인하지 않고 무허가 업체와 파견계약을 체결하기도 합니다.

따라서 회사가 체결하려는 파견계약 형태를 확인하고, 계약 체결 담당자에게 파견법상의 주의 사항을 인지시킬 필요가 있습니다.

추가적으로, 4대 보험 신고 및 해고 금지 의무 등을 면탈하기 위해 회사가 근로자와 '도급계약'을 체결하고 실제로는 해당 근로자에 대해 지휘·감독 행위를 하며 회사 소속 근로자와 동일·유사하게 업무를 시키는 경우가 있습니다. (소위 '위장도급'이라고 칭함)

계약서의 제목·명칭에 '도급계약'이라고 명시해 두어도 위장도급은 '근로계약'으로 간주되므로, 회사와 해당 근로자와의 관계에서 근로기준법 위반 사항이 확인되면 근로기준법상의 각종 형사처벌을 받을 수 있으니 주의해야 합니다.

다음 page의 그림을 보면서 근로·파견·도급계약의 차이를 명확하게 인지하시기 바랍니다.

【근로계약, 파견계약, 도급계약의 차이】

[근로관계 도식]

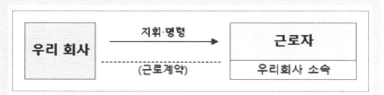

[파견관계 도식]

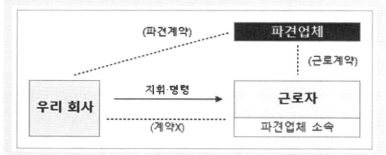

[도급관계 도식]

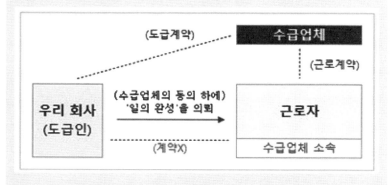

9. 비밀 누설 금지 계약(≒ NDA, 비밀유지계약)

IT 관련 기술 제휴 계약을 체결하거나 회사의 정보를 제공하며 소프트웨어 개발을 의뢰하는 등의 경우에, 기본 계약과 별도로 비밀 누설 금지 계약(Non-disclosure agreement)을 체결합니다. 또한 근로자가 회사의 중요 정보를 외부로 누출하지 않도록, 회사와 근로자가 체결하기도 합니다.

대부분의 비밀 누설 금지 계약이 전문 용어와 함께 장황하게 서술되어 있지만, 핵심 내용은 『비밀을 누설해서는 안 된다. 비밀을 누설한 경우에, 민형사상의 책임을 진다.』 정도입니다. 그러나 물리적·기술적 조치 없이, 단순히 비밀 누설 금지 계약을 체결한다고 하여 비밀 누설이 막아지지 않습니다. 또한 비밀이 누설되었을 경우에 누구로부터 어떤 경로로 누설되었는지 밝혀내기 쉽지 않고, 비밀 누설로 인해 실제로 발생한 손해 액수가 얼마큼인지 산정하기도 쉽지 않기 때문에, 손해배상 청구 소송도 쉽지 않습니다.

그나마 계약서에 『비밀을 누설한 당사자는 상대방에게 위약벌 ○ ○ ○만 원을 지급해야 한다』라는 내용을 명시함으로써 비밀 누설에 대해 더욱 주의하도록 경각심을 심어줄 수는 있습니다. 그러나 이조차도 근본적인 비밀 누설 방지책이 되지 못합니다. 또는 그런 위약벌 조항을 기재하면 계약 상대방과 괜한 감정 대립이 생기니 반영하지 말아 달라는 사업부 담당자의 부탁으로 인해, 위약벌 조항을 반영하지 못하는 경우가 더 많은 편입니다.

따라서 관련 사업부 담당자에게 NDA 자체만으로는 실효성이 크지 않기에 회사의 비밀 보호를 위해 반드시 물리적·기술적 조치가 수반되어야 함을 인지시켜야 합니다.

10. 특수관계인간 계약 - ①(부당지원 행위 이슈)

주주관계로 얽혀 있는 여러 회사(이하 '관계사'라 함)의 집단에서는, 외부 제3의 업체와 거래할 때보다 더 높은 가격으로 재화·용역을 매입하거나 더 낮은 가격으로 재화·용역을 공급하여 상호 간에 경제적 지원을 하려는 경향이 있습니다.

그러나 이런 불공정한 거래는 자유로운 시장경제 체제의 균형을 흐트러뜨리고, 부실한 기업을 지원하는 과정에서 건강한 기업이 함께 망가지면 그 소속 직원이나 거래 관계에 있는 여러 기업들도 피해를 볼 수 있기에, 공정거래법에서 금지하고 있는 행위입니다.

공정거래법(제45조)에서는 특수관계인(주식 소유 등을 통해 사실상 경영 지배관계에 있는 당사자들) 간에 『부당하게 가지급금·대여금·인력·부동산·유가증권·상품·용역·무체재산권 등을 제공하거나 상당히 유리한 조건으로 거래하는 행위』를 금지하고 있습니다.

* 위 금지사항은 특수관계인 이외의 다른 회사와의 관계에서도 적용됩니다.
  다만, 특수관계인간 거래는 추후 부당거래로 의심받은 가능성이 더 높기 때
  문에, 좀 더 주의해서 계약검토를 해야 한다는 것뿐입니다.

따라서 자회사와 모회사 간의 거래에 대한 계약을 체결할 때는, 제
3자와의 거래에서도 동일·유사한 가격으로 거래를 하고 있는 것
이 맞는지 확인할 필요가 있습니다. 다만, 제3자와의 거래에서도 동
일·유사한 가격으로 거래를 하고 있는 것인지 법무 담당자가 확인
하는 데에는 한계가 있기에, 해당 계약검토를 의뢰하는 사업부 담당
자에게 관련 증빙자료를 요청하는 것이 적절합니다.

그러나 해당 거래가 일반적인 재화·용역에 대한 것이 아니거나 처
음 있는 거래여서 비교할 표본이 없는 경우가 있는데, 이럴 때는 사
업부 담당자에게 원재료 구입가격, 인건비, 업무 소요시간, 마진율
등으로 적정 가격을 산정하여 제시해 달라고 요청할 필요가 있습
니다.

그리고 사업부 담당자를 통해 확보된 관련 증빙자료 또는 적정 가격 산정 수식 등을 해당 계약검토 의뢰서의 첨언에 기재하여 남겨 둘 필요가 있습니다. 그런 자료를 남겨 두지 않으면 추후 불공정 거래에 대한 의혹이 제기되었을 때, 계약검토를 제대로 한 것인지 의심을 받을 수 있고, 그때 가서 다시 해당 거래 가격이 적정하다고 증명해야 하는 불편·곤란함이 있기 때문입니다.

또한 소규모 법인 집단에서 법인 상호 간 무상으로 인력을 지원하는 경우가 있는데, 이 역시 위 공정거래법에 위반될 가능성이 높은 행위입니다. 예를 들면, A법인 소속인 법무 담당자가 A법인으로부터 급여를 받으면서 A법인의 자회사인 B법인의 법무 업무까지 수행하는 경우, A법인은 부당하게 B법인을 지원하는 상황이 됩니다.

이럴 경우에는, 해당 법무 담당자가 A법인 업무를 위해 사용하는 평균 시간과 B법인 업무를 위해 사용하는 평균 시간 비율 등을 기준으로 해당 법무 담당자의 급여를 분담하도록 해야, 부당한 인력 지원 이슈를 해소할 수 있습니다. 다만, 이와 같은 문제는 법무 담당자와 상의 없이 인사 파트에서 행해지는 경우가 많으므로, 기회가 된다면 인사 파트에서 자회사와 모회사에 겸직하는 직원들에 대한 인건비를 어떻게 책정하고 있는지 확인해 보고 개선을 권고할 필요가 있습니다.

11. 특수관계인간 계약 - ②(허위 세금계산서 발행 및 수취 이슈)

	통 고 서	
1. 조세범칙행위 혐의자	주 소: ▮▮▮▮▮▮▮▮▮▮▮▮▮▮▮▮▮▮	
	법인명: 주식회사 ▮▮▮▮	개업일: ▮▮▮▮-▮▮-▮▮
	업 종: ▮▮▮▮▮▮▮▮▮▮▮▮▮▮	
2. 범 칙 사 항	실물거래 없이 거짓세금계산서 수취(해당법인)	
3. 위 반 사 항	조세범처벌법 제10조 제3항	
4. 적 용 사 항	조세범처벌절차법 제15조	
5. 벌 금 상 당 액	금 일억이십일만사천사백 원정 (₩ 100,214,400 원정)	

위 서류는 실제 재화·용역 거래가 없는데, 마치 실제로 그런 거래가 있는 것처럼 세금계산서를 발행하고 수취하는 행위를 했기 때문에 세무서가 회사에게 발송한 벌금 부과 통고서입니다.

회사가 강제로 설정한 목표 영업 실적을 달성하기 위해서 자회사와 모회사 소속 사업부 담당자들이 허위 거래(허위 세금계산서 발행)

를 하기도 하고, 초과 영업 실적에 대한 인센티브에 대한 욕심 때문에 허위 거래(허위 세금계산서 발행)를 하기도 합니다. 또는 회사가 특정 목적을 위해 회사의 가치를 부풀리려는 과정에서 허위 세금계산서가 발행되기도 합니다.

잘못하면 위와 같이 실제로 벌금이 부과될 수 있으므로, 특수관계인간 체결하는 계약서를 검토할 때는 사업부 담당자로부터 실제로 재화·용역에 대한 거래가 있는지 구체적 설명을 들어볼 필요가 있습니다.

12. 특수관계인간 계약 - ③(이사의 자기거래 이슈)

【상법】

제398조(이사 등과 회사 간의 거래) **다음 각 호의 어느 하나에 해**
당하는 자가 자기 또는 제3자의 계산으로 **회사와 거래**를 하기
위하여는 **미리** 이사회에서 해당 거래에 관한 중요사실을 밝히고
이사회의 승인을 받아야 한다. 이 경우 이사회의 승인은 **이사 3**
분의 2 이상의 수로써 하여야 하고, 그 거래의 내용과 절차는 공
정하여야 한다.

1. **이사** 또는 제542조의8제2항제6호에 따른 **주요주주**

2. 제1호의 자의 배우자 및 직계존비속

3. 제1호의 자의 배우자의 직계존비속

4. 제1호부터 제3호까지의 자가 단독 또는 공동으로 의결권 있는
   발행주식 총수의 100분의 50 이상을 가진 회사 및 그 자회사

5. 제1호부터 제3호까지의 자가 제4호의 회사와 합하여 의결권
   있는 발행주식총수의 100분의 50 이상을 가진 회사

위 조문의 주요 취지는『회사의 이사』가 그 소속된『회사』와 거래를 하는 경우에, 미리 이사회의 승인을 받아야 한다는 것이고, 그 거래에 대한 이사회 결의는 이사 과반수 찬성이 아니라, 이사 3분의 2 이상의 승인을 받아야 한다는 것입니다.

그런데 위 조문이 2011년 개정되면서,『회사』와『회사의 주요 주주』간 거래도 이사 3분의 2 이상의 승인을 받도록 되었습니다.

나아가, 위 상법 개정 전 판례(대법원 84다카1591)는 대표이사가 겸직하고 있는 두 개의 회사 간의 거래 역시 위 이사의 자기거래 조문을 적용해야 한다고 판시하고 있습니다.

위 조문이 정한 이사회 승인을 받지 않아도 상법상 별도로 제재 사항이 없기 때문에, 이사들과 주주가 거의 변경되지 않는 회사에서는 굳이 위와 같은 절차를 진행하지 않아도 리스크가 거의 없습니다. 그러나 이사와 주주가 변경될 가능성이 있는 회사에서는, 추후 변경된 이사나 주주가 기존 거래에 대한 무효 이슈 및 기존 경영진에 대한 절차 위반 책임 이슈가 발생될 수 있기에, 가능하면 모회사와 자회사 간 거래에 대해서는 위 상법이 정한 절차대로 이사회 승인을 받는 것이 적절합니다.

즉, 자회사와 모회사 간 체결하는 계약이나 대표이사가 겸직하고 있는 회사 간 체결하는 계약을 검토할 때는 이사회 진행 여부에 대해서도 함께 체크할 필요가 있습니다. 다만, 절차 위반에 따른 리스크가 별로 크지 않은데도 매번 거래 때마다 이사회를 개최하는 것이 번거로울 수 있기에, 다음과 같이 매년 초에 1회 사후 승인 이사회 및 포괄적 사전 승인 이사회를 개최하는 방식으로 간소화할 수도 있습니다.

【의사록 의안 예시】

제4호 의안 관계사 거래 사전/후 승인의 건

의장은 별첨 4와 같이 2022년 관계사와의 거래에 대한 사후 승인 및 2023년 1월~ 2024년 2월까지 관계사와의 예정 거래에 대해 포괄적 사전 승인의 필요성에 대해 설명한 후 이의 승인을 구한 바, 출석한 이사들은 신중히 협의한 후 전원 이의 없이 다음의 관계사 거래를 승인 가결하다.

- 거래 법인: B 법인, C 법인, D 법인, E 법인
- 의결 사항: 2022년 총 466억원
  2023년 1월 ~ 2024년 2월 667억원 한도

【의사록 의안 별첨(의안 설명서) 예시】

□ 의결 사항
- 2022년 거래 금액에 대한 사후 승인
- 2023년 1월 ~2024년 2월까지 거래 예상 금액에 대한 사전 포괄적 승인

(단위: 억원)

구분	거래 법인	2022년	2023년1월 ~2024년2월 한도
*** 서비스 거래	•A법인 – B법인	39	66
	•A법인 – C법인	45	63
	•A법인 – D법인	2	2
	•A법인 – E법인	4	5
소계 (███████████)		90	136
*** 상품 거래	•A법인 – B법인	29	45
	•A법인 – C법인	289	405
	•A법인 – D법인	11	15
	•A법인 – E법인	47	66
소계 (███)		376	531
합계		466	667

13. 계약해지 합의

거래처와 계약을 체결하여 거래를 진행하다가, 판매 부진이나 어느 회사의 내부 사정 등의 이유로 계약을 중도해지 하는 경우가 발생할 수 있습니다.

그럴 경우에, 한 장의 '계약해지 합의서'를 작성하면서 단순히 '양 당사자는 ○○○○계약을 2023년 ○월 ○일부로 합의 해지한다.'라는 내용만 명시하는 회사가 많습니다.

그러나 합의하여 해지를 한 후에, 해지를 하게 된 원인이 우리 회사에 있다고 하여 거래처로부터 손해배상 청구를 받을 가능성을 배제할 수 없습니다. 해지는 손해배상의 청구에 영향을 미치지 않기 때문입니다. (민법 제551조 참고)

따라서 계약해지 합의서를 작성할 때는 반드시 아래와 같은 문장을 기재해야 합니다.

"○○○○계약의 합의 해지에 대해 양 당사자 모두에게 귀책사유가 없으며, 본 합의 해지와 관련하여 상호 간에 민형사상의 책임을 묻지 않기로 한다."

표준계약서 작성 및 배포

1. 표준계약서의 필요성 및 실효성

앞부분에서 수차례 강조했듯이, 기업법무에서 '계약검토'는 정말 중요한 부분을 차지하기에 꼼꼼히 철저하게 전문적으로 검토해야 합니다.

그러나 기업법무 담당자는 계약검토뿐만 아니라, 법무검토·미수채권관리·민사소송대응·형사소송대응·이사회및주주총회관리·준법경영지원 등 다른 업무로도 바쁘기 때문에, 계약검토에 소요되는 시간을 줄이는 방안이 필요합니다. 그중 한 가지가 '표준계약서 작성 및 배포'입니다.

또한 보편적인 check list 및 계약 종류에 따라 검토를 하는 과정에서 인간적인 실수(human error)가 일부 발생할 수 있기 때문에, 미리 충분히 검토해 둔 표준계약서를 활용한다면 human error가 현저히 감소하게 됩니다.

그리고 철저하게 계약검토를 하느라 시간이 많이 소요되면, 당장 계약을 체결하여 사업을 진행해야 하는 사업부 담당자 입장에서는 속이 타들어 갑니다. 사업부 담당자들이 표준계약서에서 당사자 표시 및 금액 등의 기본 정보만을 수정하여 검토를 요청하면, 계약검토 시간이 획기적으로 줄어 사업부의 업무를 신속하게 지원할 수도 있습니다.

다만, 표준계약서 작성·배포 전에 고려해야 할 것은『시간과 정성을 들여 작성한 표준계약서가 거래처와의 관계에서 실제 계약 체결에 사용될 수 있을까?』및『시간과 정성을 들여 작성한 특정 표준계약서가 한 번 사용되고 끝나는 것이 아니라, 1년에 수차례 이상 사용될 수 있을까?』입니다.

반드시 사업부 담당자들 인터뷰를 통해, 실제 사용될 수 있는 종류의 계약임을 확인한 후에 표준계약서를 작성·배포하시기 바랍니다.

2. 표준계약서의 구성 형태 및 반영할 사항

계약서 초안을 검토하다 보면, 같은 취지의 내용이 중복적으로 기재되어 있고 인터넷에 떠돌아다니는 여러 계약서를 짜깁기하여 논리적으로 모순되는 내용이 동시에 존재하며, 계약서의 분량만 많고 정작 중요한 당사자 간의 약속은 제대로 기재되어 있지 않은 경우들이 많습니다.

계약서는 분량이 중요한 것이 아니라, 『당사자 간의 핵심 약속을 꼭 반영하고 객관적으로 명확히 이해되는 것』이 더 중요합니다. 다행히 우리 나라는 상대적으로 법률이 충분하고 체계적으로 구성되어 있는 편이므로, 계약서의 내용이 부족하면 법률에 따라 해석하면 됩니다. 따라서 표준계약서의 분량을 간소화하여, 해당 계약서를 읽는 여러 사람들이 신속히 중요 사항을 파악할 수 있도록 하는 것을 권장 드립니다.

표준계약서는 계약의 핵심 사항을 한눈에 볼 수 있도록 <u>중요 내용을 표로 작성하여 계약서의 시작 부분에 위치</u>시키고, 뒤쪽에는 표에 간략히 표현하기 어려운 서술형 내용들을 기재하는 것이 효율적입니다.

* 중요 내용이 금액과 납기 정도라서 복잡하지 않다면, 굳이 표를 작성할 필요는 없습니다.

아래는 중요 내용을 표 형태로 압축한 표준계약서 sample이니, 각 기업의 업종과 상황에 맞게 응용하여 작성하시면 되겠습니다.

【물품공급계약(총량계약) sample】

********** 공급 계약

[□수량 미확정 / ☑ 수량 확정]

제1조 【주요 사항】

내용				비고
발주사	(인) (인) (인) (인)	공급사	(인)	전자계약용 날인 생략
공급물품	별첨 『물품공급 list』에 기재된 물품			
계약기간	202□년 □월 □일부터	202□년 □월 □일까지		
공급기한	발주일로부터 □일			
물품대금 총액		원		vat 별도
선급금	원	계약 체결 후 □일 내에 지급		vat 별도
중도금	원			vat 별도
잔금	원	검수 완료 및 하자보증보험증권 제출 후, 공급사가 세금계산서를 발행한 달(月)의 익월말까지 지급		vat 별도
선급금 보증보험증권	선급금(vat 포함)의 100%에 해당하는 금액	선급금 수령 전까지 제출		
계약이행 보증보험증권	물품대금 총액(vat 포함)의 10%에 해당하는 금액	최초 지급금(선급금 등) 수령 전까지 제출		보증기간: 계약기간
하자 보증보험증권	물품대금 총액(vat 포함)의 10%에 해당하는 금액	잔금 수령 전까지 제출		보증기간: 하자보증기간
지체보상금	공급 지체 1일당 물품대금 총액(vat 포함)에 3/1,000 을 곱한 금액			
하자보증기간	검수 완료일로부터 12 개월까지			
공급장소	발주사가 지정하는 장소			
첨부서류	• 별첨 『물품공급 list』 • 별첨 『견적서』 (견적서 금액보다 계약서에 명시된 금액이 우선함.)			
특약 사항				

【물품공급계약(단가계약) sample】

********* 공급 계약

[☑ 수량 미확정 / □수량 확정]

제1조 【주요 사항】

발주사	(인)	공급사	(인)	전자계약은 날인 생략
	(인)			
	(인)			
	(인)			

공급 물품	단가(원, vat 별도)	기타 조건 등

주요 사항			비고
계약기간	202□년 월 일부터	202□년 월 일까지	
공급기한	발주 후 □일까지		
선급금	발주금액의 □%	발주 후 □일 내에 지급	vat 별도
중도금			vat 별도
잔금	발주금액의 □%	납품/검수/세금계산서 발행 후 □일 내에 지급	vat 별도
선급금 보증보험증권	선급금(vat 포함)의 100%	선급금 수령 전까지 제출	
계약이행 보증보험증권	발주금액(vat 포함)의 10%	최초 지급금(선급금 등) 수령 전까지 제출	보증기간: 납기까지
하자 보증보험증권	발주금액(vat 포함)의 10%	잔금 수령 전까지 제출	보증기간: 검수 완료 후 1년
지체보상금	지체 1일당 발주금액(vat 포함)에 3/1,000 을 곱한 금액		
무상하자보증	검수 완료일로부터 1년까지		
공급장소	발주사가 지정하는 장소		
첨부서류	• 별첨 「물품공급 list」 • 별첨 「견적서」 (견적서 금액보다 계약서에 명시된 금액이 우선함.)		
특약 사항			

【1회성 도급계약 sample】

********** 1회성 도급 계약

제1조 【주요 사항】

내용				비고
발주사	(인) (인) (인) (인)	수행사	(인)	전자계약용 날인 생략
수행목적물	별첨 『수행계획서』에 기재된 목적물			
계약기간	202□년 □월 □일부터	202□년 □월 □일까지		
수행기간	202□년 □월 □일부터	202□년 □월 □일까지		기간 만료 후 즉시 인도함
대금 총액 (계약 총금액)			원	vat 별도
선급금	원	계약 체결 후 □일 내에 지급		vat 별도
중도금	원			vat 별도
잔금	원	검수 완료 및 하자보증보험증권 제출 후, 수행사가 세금계산서를 발행한 달(月)의 익월말까지 지급		vat 별도
선급금 보증보험증권	선급금(vat 포함)의 100%에 해당하는 금액	선급금 수령 전까지 제출		
계약이행 보증보험증권	계약 총금액(vat 포함)의 10%에 해당하는 금액	최초 지급금(선급금 등) 수령 전까지 제출		보증기간: 계약기간
하자 보증보험증권	계약 총금액(vat 포함)의 10%에 해당하는 금액	잔금 수령 전까지 제출		보증기간: 하자보증기간
지체보상금	수행목적물 인도 지체 1일당 계약 총금액(vat 포함)에 3/1,000을 곱한 금액			
하자보증기간	검수 완료일로부터 12개월까지			
첨부서류	• 별첨 『수행계획서』 • 별첨 『견적서』 (견적서 금액보다 계약서에 명시된 금액이 우선함.)			
특약 사항				

【지속적 용역계약 sample】

****** 지속적 용역 계약

[☑ 매월 동일금액 지급 / □ 매월 변동금액 지급]

제1조 【주요 사항】

내용					비고
발주사	(인)	수행사		(인)	전자계약용 날인 생략
	(인)				
	(인)				
	(인)				
수행업무 범위	별첨 『수행계획서』에 기재된 업무				
계약기간	202□년 월 일부터	202□년 월 일까지			
계약 총금액				원	vat 별도
月별 지급금	원	검수 완료 및 수행사의 세금계산서 발행 완료를 조건으로 하여, 익월말까지 지급			vat 별도
계약이행 보증보험증권	계약 총금액(vat 포함)의 10%에 해당하는 금액	최초 지급금 수령 전까지 제출			보증기간: 계약기간
지체보상금	업무 수행 지체 1 일당 계약 총금액(vat 포함)에 3/1,000 을 곱한 금액				
업무 수행장소	발주사가 지정하는 장소				
첨부서류	• 별첨 『수행계획서』 • 별첨 『견적서』(견적서 금액보다 계약서 본문에 명시된 금액이 우선함.)				
특약 사항					

3. 표준계약서 배포 형태

시간과 에너지를 들여 작성 후 배포한 표준계약서에, 우리 회사의 사업부 담당자나 거래처의 담당자가 내용을 수정·삭제·추가하면 다시 논리적 모순이 생기고 분량만 많은 비표준 형태의 계약서로 변형됩니다. 그렇게 되면, 법무담당자는 해당 계약서를 다시 처음부터 끝까지 한 글자씩 읽어가며 검토해야 하기 때문에 일반 비표준계약서를 검토할 때와 마찬가지로 시간과 에너지가 소요됩니다.

그런 비효율적인 상황을 방지하기 위해, 합리적이고 공평하게 작성된 '서술형 글씨 부분'은 그림 파일로 작성하여 MS워드나 한글파일에 붙여 넣기를 함으로써, 수정·삭제·추가를 방지할 수 있습니다.

* 단, 실무에 수차례 활용하여 논리적이고 공평하며 오탈자도 거의 없는 상태라는 확신이 드는 내용의 표준계약서만 수정·삭제·추가 금지 형태의 그림파일로 배포하시기 바랍니다. 비논리적이고 현저히 불공정한 내용이거나 오탈자가 많은 내용의 엉성한 표준계약서를 수정·삭제·추가 금지 형태의 그림파일로 배포하면, 불합리한 표준계약서의 내용을 바로 잡기 위한 별도의 특약란의 분량만 늘어날 것이며 우리 회사 사업부 담당자와 거래처 담당자로부터 지속적인 클

레임을 받을 것이기 때문입니다.

다음은 '서술형 글씨 부분'을 그림 파일로 작성하여 MS워드나 한글 파일에 붙여 넣는 방식에 대한 설명입니다.

【1-1. MS워드에 일반 계약 조문 작성】

실전 기업법무

【1-2. MS워드에 일반 계약 조문 작성】

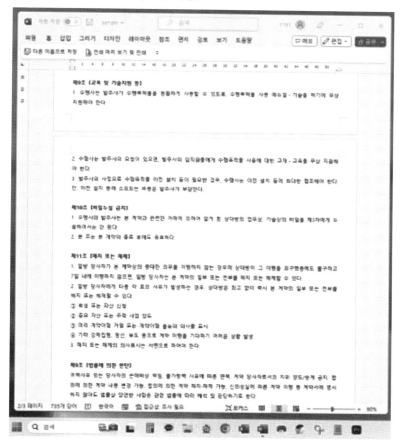

【2-1. 글씨 부분 캡처하여, 내 PC에 그림파일로 저장】

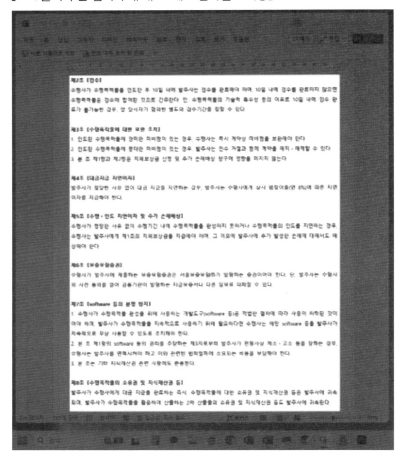

【2-2. 바탕화면에 저장된 모습】

【3-1. 그림파일에 마우스를 대고 오른쪽 클릭 후 화면】

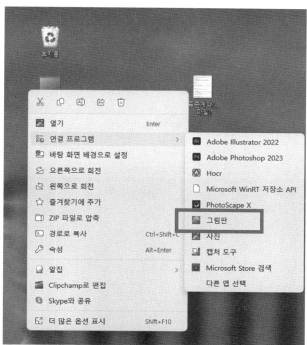

【3-2. '그림판' 클릭 후 화면】

【4-1. 버전 표시 글씨 입력】

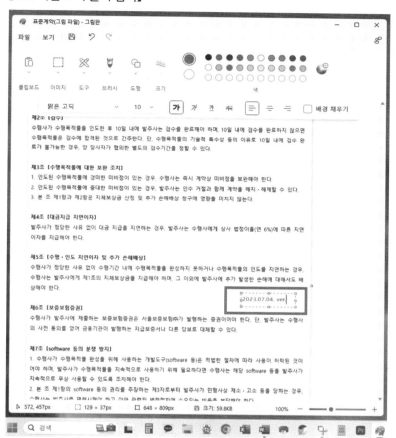

【4-2. 버전 표시 완료 후 화면】

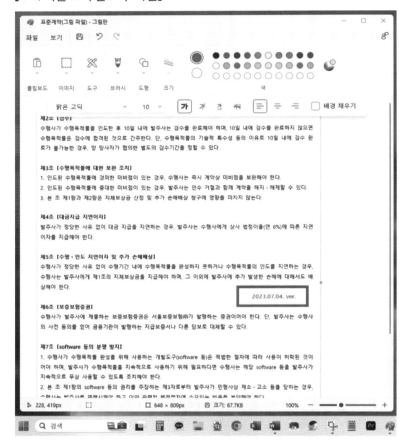

제2조 【검수】
수행사가 수행목적물을 인도한 후 10일 내에 발주사는 검수를 완료해야 하며, 10일 내에 검수를 완료하지 않으면 수행목적물은 검수에 합격된 것으로 간주한다. 단, 수행목적물의 기술적 특수성 등의 이유로 10일 내에 검수 완료가 불가능한 경우, 양 당사자가 협의한 별도의 검수기간을 정할 수 있다.

제3조 【수행목적물에 대한 보완 조치】
1. 인도된 수행목적물에 경미한 미비점이 있는 경우, 수행사는 즉시 계약상 미비점을 보완해야 한다.
2. 인도된 수행목적물에 중대한 미비점이 있는 경우, 발주사는 인수 거절과 함께 계약을 해지·해제할 수 있다.
3. 본 조 제1항과 제2항은 지체보상금 산정 및 추가 손해배상 청구에 영향을 미치지 않는다.

제4조 【대금지급 지연이자】
발주사가 정당한 사유 없이 대금 지급을 지연하는 경우, 발주사는 수행사에게 상사 법정이율(연 6%)에 따른 지연이자를 지급해야 한다.

제5조 【수행·인도 지연이자 및 추가 손해배상】
수행사가 정당한 사유 없이 수행기간 내에 수행목적물을 완성하지 못하거나 수행목적물의 인도를 지연하는 경우, 수행사는 발주사에게 제1조의 지체보상금을 지급해야 하며, 그 이외에 발주사가 추가 발생한 손해에 대해서도 배상해야 한다.

2023.07.04. ver.

제6조 【보증보험증권】
수행사가 발주사에 제출하는 보증보험증권은 서울보증보험(주)가 발행하는 증권이어야 한다. 단, 발주사는 수행사의 사전 동의를 얻어 금융기관이 발행하는 지급보증서나 다른 담보로 대체할 수 있다.

제7조 【software 등의 분쟁 방지】
1. 수행사가 수행목적물 완성을 위해 사용하는 개발도구(software 등)는 적법한 절차에 따라 사용이 허락된 것이어야 하며, 발주사가 수행목적물을 지속적으로 사용하기 위해 필요하다면 수행사는 해당 software 등을 발주사가 지속적으로 무상 사용할 수 있도록 조치해야 한다.
2. 본 조 제1항의 software 등의 권리를 주장하는 제3자로부터 발주사가 민형사상 제소·고소 등을 당하는 경우,

【5-1. MS워드 파일 열기】

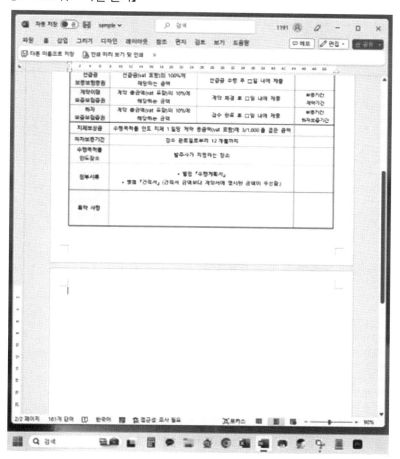

【5-2. 그림파일 붙여 넣기 후 화면】

- THE END -

※ 이 책 내용 중 의문점이 있으면 저자가 운영하는 아래의 네이버

카페에 글을 남겨 주시기 바랍니다.

〈 https://cafe.naver.com/besajang 〉

※ 또한 아래 네이버 블로그에서 저자가 출판한 다른 책들의 미리보

기를 할 수 있으니, 참고 바랍니다.

〈 https://blog.naver.com/ddalaha 〉

이 책은 '실제로 기업 법무팀에서 하는 일'에 대한 전문 지식과 skill을 전수하는 『실전 기업법무』 시리즈 중, [제1편. 계약검토] 편입니다.

아래 1~3편은 출판되었고, 4편부터 나머지 시리즈는 2023년 하반기에 순차적으로 출판됩니다. (단, 편집 분량에 따라 chapter 번호가 달라질 수 있음.)

1	계약검토(계약서검토)
2	법무검토(법률검토)
3	'비상장회사'의 이사회·주주총회 운영/관리
4	'상장회사'의 이사회·주주총회 운영/관리
5	미수채권 관리 및 회수
6	민사소송, 형사소송 대응
7	지식재산권 관리 및 분쟁 대응
8	기타 기업법무 사안 (준법경영 지원 압류결정문, 채권양도통지서, 사실조회, 수사협조문 등 수령 관리, 사내 강의 등)

전자소송 과정을 <u>A부터 Z까지</u> '한 컷', '한 컷' <u>캡처</u>하여 거의 그대로 따라 하기만 하면 되는, 아래의 **전자소송 『거의 그대로 따라하기』** 시리즈도 있으니 참고 바랍니다.

◎ **전자소송 - 지급명령** 거의 그대로 따라하기

◎ **전자소송 - 민사소송** 거의 그대로 따라하기

◎ **전자소송 - 채권가압류** 거의 그대로 따라하기

◎ **전자소송 - 부동산가압류** 거의 그대로 따라하기

◎ **전자소송 - 채권압류추심** 거의 그대로 따라하기

◎ **전자소송 - 명도소송** 거의 그대로 따라하기

◎ **전자소송 - 점유이전금지가처분** 거의 그대로 따라하기

실전 기업법무
_ 계약검토(계약서검토)

ⓒ 신민승, 2023

개정판 1쇄 발행 2023년 8월 17일

지은이   신민승
펴낸이   이기봉
편집   좋은땅 편집팀
펴낸곳   도서출판 좋은땅
주소   서울특별시 마포구 양화로12길 26 지월드빌딩 (서교동 395-7)
전화   02)374-8616~7
팩스   02)374-8614
이메일   gworldbook@naver.com
홈페이지   www.g-world.co.kr

ISBN   979-11-388-2190-2 (03360)